걱정이 취미세요?

걱정이 취미세요?

걱정을 사서 하는 당신을 위한 잡걱정 퇴치술

세라 나이트 지음 | 이수경 옮김

한국경제신문

차례

1장 걱정이 많아서 걱정이면 어떡하죠?
일단 진정부터 하시죠

2장 감정 강아지는 잠시 우리에 가둬라
통제할 수 없는 문제는 받아들이고 잊어라

3장 지금은 이성 고양이가 움직여야 할 때다
통제할 수 있는 문제에 집중하라

4장 평온한 일상을 되찾는 최적의 루트 찾기
멘붕 탈출 시나리오

책의 제목에 대해

이 책은 걱정에 관한 책이다. 머릿속에서 잡음처럼 계속 지지직거리는 '만약 ~하면 어떡하지?' 하는 걱정도, 이미 터진 심각한 사태가 가져온 극도의 불안도 해당한다. 어쩌면 당신은 책 제목을 보고 나를 멍청한 인간이라고 생각할지도 모르겠다. 세상에 걱정을 좋아하는 사람, 그것도 취미로까지 삼고 싶은 사람이 어디 있겠는가 말이다.

하지만 이 책은 인생의 문제들에 관한 책이기도 하다. 세상에 문제 없는 인생은 없다. 그리고 **문제를 '해결'하고 싶다면 우선 진정부터 해야 한다.** 어쩔 수 없다. 나는 계속해서 "제발 진정해"라거나 "닥치고 정신 차려" 같은 말을 할 것이다. 그렇다고 당신을 탓하거나 비난할 마음은 없다. 오히려 동기와 의욕을 불어넣어 주고 싶을 뿐이다. 정말로 내가 바라는 건 그것뿐이다.

이제 됐는가? 좋다.

걱정을 줄이고 문제를 해결하는 방법을 본격적으로 다루기 전에 말해둘 것이 또 있다. 나는 정신질환인 불안증과 일시적 심리 상태인 불안의 차이를 잘 안다. 나 자신이 '범불안장애 및 공황장애' 진단을 받았기 때문이다(무릇 사람이란 자신이 잘 아는 것을 써먹어야 하는 법이다).

따라서 비록 거친 말로 가득한 자기계발서 한 권이 전문적인 치료를 완벽히 대신할 수는 없을지라도, 만일 당신이 나처럼 만성적이고 반복적인 걱정과 불안에 시달리기 때문에 이 책을 집어 들었다면, 거기에 도움이 될 다양한 방법과 조언과 마술을 틀림없이 얻을 것이다. 그럼으로써 마음속 불안의 원인이 되는 문제를 해결하는 데 집중할 수 있다.

하지만 정신질환 수준의 불안증을 겪지는 않는 독자도 있을 것이다. 그저 상황에 따라 일시적으로 불안을 경험하는 사람도 있다. 예컨대 이미 터진 심각한 사태가 가져온 극도의 불안 같은 것 말이다. 그래도 걱정 마시라! 이 책에는 스트레스가 폭발할 것 같을 때 활용할 수 있는 재앙 관리 방법도 풍부하게 담겨 있다.

또 자신이 불안증에 걸렸다는 사실을 모르거나, 그 사실을 인정하고 싶지 않은 독자들도 나름대로 유용한 팁과 조언을 얻게 될 것이다. 어쨌든, 읽는 동안 속은 시원하리라는 점만은 장담한다.

늑장 부리다간 멘붕의 늪에 빠지고 만다

우선 몇 가지만 묻고 시작하겠다.

- 당신은 '만약 ~하면 어떡하지?'라는 생각을 하루에 몇 번 하는가? 예컨대 이런 것들이다. 'X가 일어나면 어떡하지?' 'Y가 잘못되면 어떡하지?' 'Z에서 내가 원하거나 내게 필요한 것과 다른 결과가 나오면 어떡하지?'
- 당신은 일어나지도 않은 일 또는 일어나지 않았을 뿐만 아니라 실제로 일어날 확률도 낮은 일을 걱정하느라 얼마나 많은 시간을 보내는가?
- 당신은 '이미' 일어난 일에 대처하는 대신 머리를 싸매고 괴로워하면서 얼마나 많은 시간을 낭비하는가?

솔직하게 대답해도 좋다. 나는 당신에게 창피를 주려는 게 아니니까. 내가 먼저 대답하겠다!

세 질문 모두에 대한 내 대답은 "엄청나게 많이!"다. 아마 당신 대답도 별반 다르지 않을 것이다. "전혀 그렇지 않아"라고 대답할 사람이면 지금 이 책을 읽고 있지 않을 테니까(그리고 내 대답이 그랬다면 나 역시 이 책을 쓸 자격이 없을 것이다).

자, 내가 좋은 소식을 들고 왔다.

이 책을 다 읽은 후에는 사사건건 걱정하는 당신의 병이 또다시 도질 때, 불안에 휩싸여 공황발작을 일으키거나 온종일 울거나 주먹으로 벽을 때리거나 회피하려고만 하다가 결국 상황을 더 악화시키는 일은 없어질 것이다. 상상 속의 걱정이든, 해결해야 하는 진짜 문제가 발생했든 간에 말이다. 다시 말해, 머릿속에서 꼬리에 꼬리를 무는 비생산적인 질문을 집어치우고 훨씬 더 합리적이고 현실적이며 실행과 직결된 이런 질문을 던지게 될 거란 얘기다.

좋아,
이제 뭘 해야 하지?

그런 다음 문제에 대처하면 된다. 그게 무엇이든 간에.

하지만 너무 앞서가지는 말자. 일단 가장 기본적인 부분부터 시작하자.

엿 같은 일은 일어나기 마련이다

정말 그렇다. 엿 같은 일은 누구에게나, 언제라도 일어날 수 있다. 자전하는 시한폭탄인 이 지구 위에서 매일 아침 비틀거리며 일과를 시작하는 우리의 일차 목표는 하루를 무사히 헤쳐나가는 것이다. 어떤 이들은 하루를 무사히 넘기는 것 이상을 꿈꾼다. 성공을 추구하거나, 약간의 휴식을 바라거나, 사랑하는 이에게 다정한 말 한마디를 듣기를 원한다. 그런가 하면 그저 사기죄로 체포당하지 않기만 간절히 바라는 사람도 있고, 다른 누군가가 사기죄로 체포되기를 간절히 바라는 사람도 있다.

새로운 하루가 시작될 때마다 스물네 시간 동안 좋은 일이 일어날 가능성이 당신을 찾아올 것이다. 일테면 대출 신청이 승인되거나, 애인에게 프러포즈를 받거나, 짝이 맞는 양말을 신거나 하는 등. 하지만 남들 다 피하는 개똥을 밟을 가능성도 얼마든지 있다. 예컨대 집이 압류된다는 통보를 받을 수도 있고, 애인에게 헤어지자는 말을 들을 수도 있고, 양말이 짝은 맞지만 발꿈치에 구멍이 난 것도 모른 채 종일 신고 다닐 수도 있다. 어디 그뿐인

가. 지진이 발생하거나, 토네이도가 찾아오거나, 쿠데타가 일어나거나, 원자력 발전소에서 사고가 일어나거나, 세계 와인 생산량이 사상 최저치로 떨어질 가능성도 있다. 어떤 재앙이 언제 터져서 삶을 엉망진창으로 만들어놓을지 모른다. 산다는 건 원래 그런 거다.

그렇다면 하나만 묻자. **당신은 개똥 같은 일이 발생했을 때 어떻게 하는가?** 멍해져서 꼼짝도 못 하거나 '멘붕'에 빠지는가? 화장실에 들어가 문을 잠그고 우는가? 분노에 파르르 떨면서 악을 쓰는가? 내 경우를 말하자면, 나는 그 일이 '일어나지 않았다'고 믿으려 애쓰면서 머리를 베개에 파묻고 엉덩이를 하늘로 향한 채 엎드려 있곤 했다. 고개를 땅에 처박은 타조 꼴로 말이다.

안타깝지만 그런 대응 방법들은 잠깐 위안이 될지는 몰라도 별로 생산적인 방법은 못 된다. 어쨌거나 결국엔 솟구치는 짜증이나 슬픔이나 화를 가라앉히고 자신이 처한 상황이나 문제에 대처해야 한다. 그리고 패닉에 빠지거나 울거나 고함을 지르거나 온몸의 피가 머리로 쏠릴 때는 현명한 결정을 내리기도, 문제를 해결하기도 어렵다.

그래서 내가 기를 쓰고 강조하는 것이다. 제일 먼저 **마음을 가라앉히고 진정해야 한다고.**

당연히 당신도 예외가 아니다. 만일 당신이 밝은 태양 아래

새들이 지저귀는 소리를 들으며 완벽한 하루를 보내고 있다면, 마음을 가라앉히고 진정할 필요가 없을 것이다. 그렇다면 축하한다. 밖에 나가 마음껏 즐기기를. 하지만 조만간 엿 같은 일이 일어날 것이다. 두고 봐라.

누구나 살면서 거지 같은 일을 겪는다. 다만 거기에 더 지혜롭게 대응하는 법을 배우면 되지 않겠냐는 게 내 생각이다. 그리고 한 가지 더. 주변의 친구나 친척, 연인이나 배우자는 우리에게 안 좋은 일이 생기면 십중팔구 이렇게 말한다. "걱정하지 마, 다 잘될 거야." 또는 심지어 이렇게 말한다. "뭐, 그렇게 나쁜 상황은 아니네."

세상에 그런 허튼소리도 없다. 아무리 선의로 그런다고 해도 말이다. 이 책에서는 **선의의 표현이 아니라 현실적인 접근법에 집중할 것이다.**

잘 따져보면 사실은 이렇다.

- **그렇다, 어떤 일은 정말로 잘된다:** 당신이 시험에 통과하고, 대장의 종양이 양성으로 판명되고, 여자친구가 당신의 문자에 답장을 한다.
- **하지만 때로는 그렇지 않다.** 투자한 종목의 주가가 폭락하고, 친구랑 사이가 틀어지고, 굉장히 중요한 선거에서 수많은 유

권자가 싸구려 빨간 모자를 쓴 사기꾼 같은 인간에게 표를 던진다.

- **어떤 경우엔 진짜 그렇게 나쁜 상황은 아닌데 당신이 과잉 반응을 보인다**: 혼자 머릿속으로 상황을 잔뜩 부풀려 상상해서 불안감이 더 커진다. 야식을 맛있게 먹은 것까지는 좋은데, 단박에 5킬로그램은 늘었을 거라며 체중계에 올라가길 무서워한 적 혹시 없는가?
- **'진짜' 심각하게 나쁜 상황인데 당신이 둔하게 반응할 때도 있다**: 냄비의 음식이 다 졸아 타들어가고 있는데도, 헤드폰을 낀 채 노래를 흥얼거리며 "어느 집에서 이렇게 음식을 태우는 거야"라고 중얼거리는 걸 상상해봐라. 그대로 몇 분이 지나면 소방차가 달려오겠지.

물론 당신의 친구나 친척, 연인 또는 배우자도 "다 잘될 거야"라고 말할 때 당신을 돕고 싶은 마음이 있을 것이다. 하지만 주식으로 계좌가 반 토막이 났든, 청바지가 안 맞을까 봐 전전긍긍하든, 소방차가 도착하기 전에 주방이 불바다가 되는 심각한 곤경에 처했든, 나는 '실제로' 당신에게 도움을 주고 싶다. 그게 내 스타일이다.

자, 이제부터 나만의 수업을 시작하겠다.

- **제1강:** 괜찮을 거라고 또는 그다지 심각하게 나쁘진 않다고 '믿으면' 당장은 기분이 좀 나을지 모르지만, 문제가 해결되진 않는다. 그리고 사실 대개는 기분이 나아지지도 않는다. 오히려 요즘 유행하는 '행복 강박증'에 덩달아 전염된 기분이 든다. 아무튼, 그렇게 믿어도 달라지는 건 아무것도 없다!
- **제2강:** 이미 일어난 일은 일어난 일이다. 타이어는 펑크 났고, 손가락은 부러졌고, 중요한 파일은 날아갔고, 햄스터는 하늘나라로 떠났다. 당신은 답답하거나, 불안하거나, 속상하거나, 화가 나거나, 슬플 것이다. 그 상황 한가운데서 당신이 통제할 수 있는 유일한 한 가지는 '당신 자신의 행동'이다.
- **제3강:** 그 상황을 헤쳐나가려면 이미 일어난 일을 '인정하고', 당신이 통제할 수 없는 부분을 '받아들이고', 통제할 수 있는 부분에 '집중해야' 한다.

세 번째와 관련해 한마디 덧붙이자면, 혹시 '평온을 비는 기도 (Serenity Prayer)'라는 걸 들어봤는가? 자신이 바꿀 수 없는 것을 받아들이고, 변화시킬 수 있는 것을 변화시키며, 그 둘을 분별하는 지혜를 달라는 내용의 기도다. 말하자면 이 책은 그 기도에 불손한 표현을 섞고 몇몇 절차와 흐름도를 덧붙여 길게 늘인 버전이다. 당신이 그런 종류의 글을 좋아한다면 끝까지 읽는 데 별무리는 없을 것이다.

걱정의 굴레에서 탈출하라

짐작하건대, 아마 당신이 이 책을 집어 든 것은 어떤 안 좋은 일을 걱정하고 있기 때문일 것이다. 이미 터졌든, 조만간 일어날 것으로 예상되든 간에 말이다. 여기서 간단히 짚고 넘어갈 점이 있다. '걱정하기'라는 말에는 서로 다른, 하지만 어느 정도 연관된 두 가지 의미가 들어 있다. 그것은 어떤 문제에 대해 불안해하며 애를 태우는 것도 의미하지만, 그 문제를 계속 만지작거리고 비벼대다가 결국 더 악화되게 하는 것도 의미한다.

스웨터에 실밥 하나가 삐죽 튀어나왔다고 치자. 내가 그렇듯이, 아마 당신도 눈에 띄는 실밥을 잡아당기고 싶은 충동을 느낄 것이다. 당신은 그 실밥이 가져올 결과를 추측해보면서 문제를 진단한다. 실밥이 이미 얼마나 풀어진 거지? 이걸 어떻게 해결할까?

그런데 만일 계속 실밥을 잡아당기면, 그러니까 그곳을 수선하는 대신에 자꾸만 만지작거리면서 잡아뜯으려다 보면, 어느 순간 한쪽 소매 전체가 없어질지도 모른다. 그러면 당신의 마음도, 스웨터도 너덜너덜해진다. 그런 마음 상태가 될 때 당신은 그저 어떤 문제에 '대해' 걱정할 뿐만 아니라 그 문제를 '물고 흔

들어대고' 있는 것이다. 그리고 어느 쪽이든 **걱정은 문제를 더 악화시킨다.**

이런 안타까운 전개는 굉장히 흔하게 목격된다. 약한 불안감을 초래하는 걱정거리도, 이성을 잃기 직전까지 몰고 가는 걱정거리도 마찬가지다. 어떤 종류의 불안은 꽤 타당하다. 예컨대 한밤중에 사막을 달리다가 '갑자기 차에 기름이 떨어지면 어떡하지?' 하는 걱정 같은 것은 충분히 할 만하다. 하지만 그렇지 않은 걱정도 있다. 예를 들면 이런 것이다. '여자친구가 나한테 화가 나 있으면 어떡하지? 어제 내가 보낸 문자를 틀림없이 읽었는데, 답장을 안 했어. 내가 뭔가를 잘못한 건가?'

앞으로 당신의 '모든' 걱정을 다스릴 방법을 알려주겠다. **통제할 수 없는 것을 받아들이고, 통제할 수 있는 것에 생산적으로 집중하는 법**을.

나는 그걸 **'걱정 탈출 기술**(NoWorries Method)'이라고 부른다. 이것은 **'머릿속 공간 정리**(Mental Decluttering)'를 기본 개념으로 하며 다음 두 단계로 구성된다.

- **1단계: 마음을 가라앉히고 진정한다.**
- **2단계: 문제에 대처한다.**

썩 괜찮은 방식 아닌가? 혹시, 지나치게 단순해서 전혀 도움이 안 될 것 같은가? 종종 나한테 그런 의견을 내는 사람들이 있긴 하다. 그러나 '지나치게 단순하지만 끝내주게 유용한' 방식이 내 스타일이다. 섣불리 판단하기 전에 몇 페이지 더 읽어보길 바란다.

일단은 앞에서 말한 질문들, 즉 당신 머릿속을 계속 떠다닌다고 인정했던 그 질문을 다시 떠올려보자.

- **X가 일어나면 어떡하지?**
- **Y가 잘못되면 어떡하지?**
- **Z에서 내가 원하거나 내게 필요한 것과 다른 결과가 나오면 어떡하지?**

X는 처음으로 데이트하는 날 독감에 걸려버린 일일 수도, 사랑하는 사람의 갑작스러운 죽음일 수도 있다. Y는 당신의 논문 심사나 대기 중인 대출 승인일 수도 있다. Z는 취업 면접 또는 운전면허 시험일 수도 있다.

하지만 결국 당신의 걱정이 정확히 어떤 것인지는 중요하지 않다. 중요한 건, 그 걱정이 머릿속 공간을 약간, 또는 많이, 또는 지나치게 많이 점령한 채 심리 상태라는 스웨터의 실밥을 계속

해서 슬금슬금 풀어버린다는 사실이다. 따라서 다음을 꼭 기억하길 바란다.

- **제4강**: 당신이 상상하는 일 대부분은 실제로 일어날 확률이 낮다.
- **제5강**: 어떤 일은 막을 수 있고, 나머지 일부는 발생 이후의 효과를 완화할 수 있다.
- **제6강**: 어떤 일은 당신이 전혀 통제할 수 없으며, 고로 당신의 걱정이 쓸데없음을 인정하고 그것을 잊어야 한다.

당부하건대, 섣불리 판단하지 마시라. 나도 당신과 마찬가지로 걱정의 늪에서 허우적대는 인간이다(그래서 힘든 시간을 거친 후 이 책을 쓸 자격이 생긴 것이다).

나는 항상 걱정을 달고 사는 사람이었다. '~하면 어떡하지?'라는 생각이 마치 약에 취한 피라미들처럼 머릿속을 빙빙 돌아다녔다. 일어나지도 않은 일을 걱정하며 초조해했다. 일어날 가능성이 있거나 없는 일에 강박적으로 집착했다. 그리고 무슨 일이 터지면 완전히 멘붕에 빠져서 갈피를 잡지 못했다.

하지만 지난 몇 년간 그런 걱정과 불안을 최소한으로 줄이는 방법을 깨달았다. 물론 지금도 걱정에서 완전히 벗어나지는 못

했지만, 불안에 휩싸이는 일이 줄었고 이제 더는 두려움에 마비되지도 않는다. 또 기대에 못 미치는 결과나 부당한 일을 겪었다는 기분 때문에 미치기 일보 직전까지 가지도 않는다. 확실히 예전보다 나아졌다.

내가 변화하고 많은 것을 이룰 수 있었던 비결은? 그저 마음가짐을 조금 바꾼 것이다. 즉 **내가 통제할 수 없는 일은 받아들이기로 마음먹었다.** 그러고 나니 '통제할 수 있는' 부분에 집중할 수 있었다. 특정한 상황의 도중에도, 어떤 일이 터진 후에도 필요한 결정을 내리고 문제를 해결하기가 훨씬 쉬워졌다. 심지어 때로는 불운한 일이 애당초 나를 덮치지 않게 막을 수도 있었다. 멋지지 않은가!

나는 발생 확률이 낮은 일을 계속 곱씹는 바보짓을 멈추고, 그 대신 실현 가능성이 큰 결과를 만들어내는 데 집중하는 법을 깨달았다. 고뇌에 휩싸여 뒷걸음치는 대신 부지런히 움직여 앞으로 나아가는 법을 깨달았다. 그리고 무엇보다, **'일어날지도 모르는 일에 대한 걱정'과 '일이 실제로 닥쳤을 때 대처하는 것'을 구별할 줄 알게 되었다.**

당신도 이 모든 걸 배울 수 있다. 내가 이 책을 통해 알려주고 싶은 것은 이것이다.

자신이 통제할 수 없는 일 때문에 멘붕에 빠지지 말고

합리적인 결정을 내릴 줄 아는 사람이 되어

문제를 악화시키는 대신 해결하는 법

지금부터 지난 몇 년간 내가 겪은 과정을 들려주겠다. 일단 맛보기로 읽어보기 바란다.

완벽주의자에서 한 걸음 물러나기

내 마음가짐에 변화가 생긴 것은 사는 곳을 옮기면서부터였다. 우리 부부는 복잡한 뉴욕 브루클린을 떠나 도미니카공화국의 북쪽 해안가에 있는 조용한 어촌 마을로 이사했다.

지금 '이거 너무 뻔한 스토리잖아?'라고 생각했는가? 조금만 더 들어보시라. 강렬한 햇빛이 쏟아지는 섬에서 코코넛 칵테일과 옥빛 바다 풍경을 만끽하며 유유자적하는 이야기 따위가 절대 아니다. 물론 나는 그런 것도 즐기지만, 이곳 삶의 가장 큰 장점은 내가 안달복달하지 않고 평정심을 갖고 살 수밖에 없게 한다는 점이다.

나는 뉴욕에서 16년 동안 바쁘게 살았다. 회사 생활을 하면서 승진도 했고, 결혼을 계획하고 실행에 옮겼으며, 부동산을 구입했고, 도미니카공화국으로의 이사를 준비했다. 나는 늘 계획한 일을 야무지게 해냈지만 마음이 평온한 적은 별로 없었다. 이 말은 곧 '정신 줄 놓은 사람 같을 때가 많았다'는 뜻이다. 예상치 못한 일이 일어나 내가 세심하게 구축한 기대치의 방향이 틀어지기라도 하면…. 아니다, 그냥 말을 말자.

당신은 능력 있고 일 잘하고 체계적인 타입은 이런저런 상황 변화에 잘 적응하고 대처도 잘하리라 생각할지 모른다. 하지만 당시 나는 뭔가가 계획대로 되지 않으면 극심한 스트레스를 받곤 했다. 예를 들어 남편의 서른 번째 생일에 멋진 피크닉을 가기로 했는데 폭우가 쏟아졌을 때는 이 잔인한 세상과 작별이라도 고할 사람처럼 우울함 속에 허우적댔다.

그런 심리 상태였던지라 **필요한 일을 처리하기가 훨씬 어려워졌고 불안감도 필요 이상으로 커졌다.** 두 걸음 앞으로 나아갔다가도 한 걸음 뒤로 후퇴했다. 언제나, 늘 그랬다.

이대로는 안 되겠다 싶었다. 하지만 내 삶에서 뭘 포기해야 할지, 어떤 식으로 포기해야 할지 알 수 없었다.

그러다가 결국 3년 전 도미니카공화국의 어촌 마을로 이사했다. 그리고 이곳은 '계획'이란 걸 아예 포기하고 사는 게 나은 동네라는 걸 깨달았다. 이곳의 열대기후 날씨는 수시로 확확 바뀐다. 상점들은 주인 마음대로 아무 때나 문을 닫는다. 그리고 지붕을 고치러 '내일' 오겠다던 수리공은 십중팔구 '내일로부터 일주일 후에야' 온다. 그 사람이 못 온 건 폭풍우 때문일 수도 있고, 철물점 영업시간이 들쭉날쭉해서 수리에 필요한 재료를 못 샀기 때문일 수도 있다. 또는 그 둘 다 때문일 수도 있고, 둘 다 아닐 수도 있다. 누가 알겠는가.

병가를 내고 짜증 나는 직장에서 벗어나 안락의자에 누워 치킨수프와 TV를 끼고 실컷 쉬었으면 하는 사람에게는 카리브해가 여유 넘치고 근사한 곳으로만 보일 것이다. 그러나 신뢰성과 체계라는 것에 기대어 사는 것에 익숙한 사람들, 또는 예상치 못한 상황에 대처하는 것에 별로 익숙하지 않은 사람들에게는 이곳 삶이 답답하고 짜증스러울 수도 있다.

나는 도미니카공화국에 온 지 몇 주 후부터 깨닫기 시작했다. 여기서 나의 예전 스타일을 고수하려 들면 결국 '무언가' 때문에 항상 패닉에 빠질 거라는 사실을 말이다. 여기서는 계획대로 진행되는 일이 '아무것도' 없으니까. 그리고 그렇게 패닉에 빠져 산다면 애초에 뉴욕을 떠나 여기로 온 게 아무 의미가 없을 터였다.

나는 도미니카공화국에 와서 노출치료(환자를 트라우마 상황에 반복 노출시켜 두려움의 대상과 점차 친밀해지게 함으로써 불안을 극복하게 하는 심리치료법-옮긴이)라는 독한 술을 마시고 코코넛 럼으로 입가심을 한 셈이었다. 나는 그냥 마음을 편하게 먹고 이곳 방식의 자연스러운 흐름에 몸을 맡길 수밖에 없었다. 그러자 삶의 태도에도, 내가 복용하던 신경안정제의 양에도 놀라운 변화가 일어났다.

나는 마음의 평정을 위해 꼭 살던 곳을 떠나 대서양 한가운데의 섬으로 이사해야 하는 것은 아니라는 것도 확신하게 됐다. 많은 관찰과 실행을 통해 깨달은 사실이다.

이는 누구에게나 가능한 일이다. 물론 당신도.

나처럼 그저 마음가짐을 바꿔 이전과 다른 방식으로 문제에 대응하면 된다. 그러면 예상치 못한 일에 대비할 수도 있게 된다. 이는 '한 걸음 후퇴'에 해당하는 상황을 헤쳐나가는 데 큰 도움이 된다.

어떻게 그럴 수 있을까? 발생 가능한 모든 상황에 대비하려고 들면 또 다른 패닉에 빠지지 않을까?

옳거니, 맞는 말이다. 나는 비가 올 경우를 대비해 남편의 서른 번째 생일파티 장소를 여러 군데 확보해두라고 말하려는 게 아니다. 미팅 당일에 고객이 원그래프보다 막대그래프를 선호할 경우를 대비해 프레젠테이션 자료를 세 종류로 준비하라는 얘기도 아니다. 날뛰기 좋아하는 이웃 목장의 소들이 외양간에서 언제 탈출할지 모르므로 당신 집 주변에 깊은 해자를 파두라는 것도 아니다. 그렇게 하려다가는 또 다른 패닉에 빠질 게 뻔하다. 그리고 통장 잔고도 남아나지 않을 테고.

내가 말하는 것은 **정신적인 대비**다.

이 책이 도우려는 지점이 바로 그것이다. 짜증 나거나 화나거나 슬픈 일이 벌어졌을 때, 거기에 대응할 도구를 갖춰주려는 것이다. 당신이 어떤 사람이든, 어디에 살든, 어떤 난감한 일이 발생하든 말이다.

* * *

몇 달 전 어느 날 저녁, 우리 부부는 카리브해 특유의 분위기가 물씬 풍기는 술집에서 즐거운 시간을 보내고 집에 돌아왔다. 그리고 전혀 예상치 못한 손님과 마주쳤다.

나는 대문을 열고 들어와 집 테라스로 이어지는 판석 길을 천천히 조심조심 걸었다. 해가 져서 어두운 데다 알딸딸하게 취한 상태였으므로. 그때 보통 것보다 조금 큰 나뭇잎이 눈에 띄었다. 바람에 팔랑거린다기보다는 총총거리는 것처럼 움직이는 특이한 잎이었다. 재빨리 아이폰 손전등을 비춰보니, 아몬드 나무 잎인 줄 알았던 그 물체는 크기가 멜론만 한 타란툴라 독거미였다!

그래, 당신에게 잠시 놀란 가슴을 추스를 시간을 주겠다. 나야

말로 정말 그럴 시간이 필요했다.

자, 이제 이야기를 계속해도 되겠는가?

평소 나는 우리 집 안에서 혹시라도 그런 끔찍한 존재가 눈에 띄면 '당장 집을 불태워버리겠다'고 공언했던 터라 딜레마에 빠졌다. 그즈음 우리 집에 잔뜩 정이 들었기 때문이다. 그리고 엄밀히 따지면 독거미가 발견된 곳은 '집 안'이 아니라 '집 근처'였다.

어떻게 해야 할까? 타란툴라가 자신이 원래 있던 저 멀리 숲속 어딘가로 기어서 돌아갈 때까지 그 자리에 꼼짝 않고 서서 기다릴까? 밤새, 아니 평생 한쪽 눈을 뜨고 잘까? 어서 사라져달라고 타란툴라에게 정중하게 부탁해볼까?

그중 어느 것도 현실적인 해법은 아니었다. 결국 남편에게 "으악, 빨리 와서 저 독거미 좀 어떻게 해봐!"라고 소리치는 것 말고는 내가 할 수 있는 게 없었다. 우리는 정글 비슷한 숲에서 살고 있다. 부동산 업자들과 우리 같은 외국계 이주민들이 "그런 독거미는 산에만 있으니까 절대 마주칠 일이 없어요"라고 하나같이 입을 모아 말했지만, 다리 일곱 개짜리 독거미가 해수면 높이의 평지에 있는 우리의 아담한 집까지 찾아왔다는 것은 부인할 수 없는 사실이었다('일곱 개'는 오타가 아니다. 그 거미는 털이 수북한 다리의 개수가 하나 모자랐다. 이 사실은 조금 뒤의 이야기에서 중요한 역할을 하게 된다).

우리는 이렇게 했다. 남편이 서둘러 가져온 빗자루로 그 불청객을 슬슬 밀어서 집 울타리 밖의 덤불로 보내버렸다. 그리고 나는 "모든 게 타란툴라 같아"라고 투덜대면서 집 안으로 도망친 후 안전하게 2층에 올라가 수면제를 먹고 잠이 들었다.

비록 완벽한 평정은 아니었지만 그래도 올바른 방향으로 한 걸음 간 셈이었다.

다음 날 우리 부부는 아침 일찍 일어났다. 친구들과 온종일 럼이 제공되는 보트 여행을 떠나기로 한 날이었기 때문이다. 나는 아침 8시 조금 전에 잠이 덜 깬 걸음으로 비틀거리며 아래층으로 내려갔다. 그런데 층계참에서 아래층을 향해 몸을 돌리는 순간 그 녀석을 발견했다.

전날 밤에 멀리멀리 쫓아버렸던 바로 그 타란툴라가 거실 커튼 뒤에 있었다. 같은 거미임을 확신했던 건 이 녀석의 다리가 일곱 개뿐이었기 때문이다. 혹시 내가 다리 개수를 셀 수 있을 만큼 가까이 다가갔다고 착각할까 봐 하는 말인데, 다시 말하지만 이 녀석은 '무지막지하게 커서' 다리를 세러 가까이 갈 필요조차 없었다. 녀석은 밤사이 다리 일곱 개를 부지런히 움직여 넓은 잔디를 가로지르고, 우리 집 테라스로 기어 올라온 다음, 미닫이문의 작은 틈새를 비집고 집으로 들어온 것이다.

지금 당신이 무슨 생각을 하는지 안다. 당신이 추측하듯이, 나는 '당장에 집을 불태워버리고 싶은' 불같은 충동을 느꼈다.

맞다. 내 본능적 반응은 '대체 이걸 어떻게 해결한단 말이야?!'였다.

그런데 실은 이랬다. 두 번째 마주치고 보니 타란툴라는 그렇게 끔찍하지 않았다. **아니, 녀석은 여전히 끔찍했지만 '내'가 조금 달라져 있었다.**

만일 브루클린의 아파트에서 그런 독거미를 발견했다면 당장 라이터를 가지러 달려갔을 것이다. 집을 불태워버리려고 말이다. 하지만 그즈음 나는 시도 때도 없이 갑자기 쏟아지는 폭우와 믿을 수 없는 지붕수리공 따위에 웬만큼 적응이 돼 있었다. 예상치 못한 것을 예상해야 해! 계획대로 되는 건 아무것도 없어! 놀라는 일이 놀랍지 않다고!!

전날 밤의 경험에 비춰 볼 때 그 타란툴라는 엄청나게 빨리 움직이지도, 나를 향해 으르렁거리지도 않을 게 분명했다. 또 가만 생각해보니 멜론만 하고 다리 하나가 없는 거미는 키가 150센티미터가 넘고 두 다리가 멀쩡한 인간보다 훨씬 더 작고 훨씬 덜 날렵했다(노출치료가 임상적 효과를 인정받은 데에는 다 이유가 있다).

나는 이성적인 뇌를 흔들어 깨워서, '대체 이걸 어떻게 해결한단 말이야?!'라는 본능적 반응을 눌러버리고 '어서 보트 여행을 떠나 럼을 실컷 마시며 재밌게 놀아야 하는데, 이 녀석을 어떻게 할까?'를 생각했다. 호들갑을 떨며 흥분이나 할 때가 아니었다. **그래 봐야 문제는 절대 해결되지 않을 테니까.**

'평온을 비는 기도'의 강화된 버전으로 소개했던 내 조언을 다시 떠올려봐라.

- 이미 일어난 일을 **인정해라**(타란툴라는 이미 집 안에 있다).
- 자신이 통제할 수 없는 것을 **받아들여라**(타란툴라는 우리 집에 들어올 수 있다).
- 자신이 통제할 수 있는 것에 **집중해라**(타란툴라를 집 밖으로 내보낸다).

나는 마음의 평정을 되찾았으므로, 이제 문제를 해결할 차례였다.

솔직히 말하자면, 내 남편이 해결할 차례였다. 나는 조금 거들었다.

남편은 빗자루와 두꺼운 판지 한 장, 담력을 동원해 독거미를 다치지 않게 살살 몰아 빈 플라스틱 물통에 가둔 다음 주방 식탁에 올려놓았다. 그동안 나는 자외선 차단제와 수건, 휴대용 스피커를 가방에 넣고 바르셀로 럼도 추가로 챙겼다. 지난번 여행에서 배의 선장이 우리 주량을 너무 과소평가했었기 때문이다.

코코넛은 무제한 제공되는데 술이 모자란다면 아무리 멋진 해변이라 한들 놀 맛이 나겠는가? 럼은 우리가 통제할 수 있는 부분에 해당한다.

우리 부부는 플라스틱 물통에 안전하게 들어 있는 타란툴라에게 '럭키'라는 이름을 붙여주었다. 그러고는 함께 자동차로 2킬로미터쯤 달린 후, 이 성가신 녀석을 숲에 풀어주고 나서 신나게 배에 올랐다.

* * *

내가 카리브해에서 찾은 평정과 타란툴라 무용담이 당신 삶과 무슨 관계가 있을까? 당신의 과민한 걱정과 불안과 멘붕, 그것들을 인정하고 받아들이고 해결하는 일과 무슨 상관이 있을까?

좋은 질문이다.

나는 오랫동안 '전문 걱정쟁이'로 살아왔고 현재는 자기계발서 전문 작가다. 그동안 《인생이 빛나는 생각의 마법》, 《정신 차리기 기술》, 《네 생각대로 해(You Do You)》를 출간했다. 이 책들에는 내가 정신적으로 건강하고 행복한 사람이 되기까지의 개인적 여정, 그리고 '다소 반항적이고 거친 표현을 아끼지 않은' 실용적 조언이 함께 담겨 있다. 그래선지 사람들은 나를 '안티구루(Anti-

Guru)'라고 부른다. 솔직히 말해 몹시 맘에 드는 별명이다.

내 책들은 모두 묶어서 '신경 *끄기* 가이드'라고 부른다. 수많은 독자가 이 책들의 도움으로 인생의 부담스러운 짐을 벗어던지고 삶을 정리정돈하고 진정한 자아를 되찾는 데 성공했다. 만일 당신도 그중 한 명이라면, 내가 위와 같은 멋진 별명을 얻을 수 있게 해준 것에 감사드린다. 만일 당신이 나의 첫 독자라면 진심으로 환영한다! 그리고 초면에 독거미 이야기부터 꺼내서 미안하다. 눈살이 찌푸려졌을 테니까. 하지만 그게 내 스타일이다. 당신도 곧 익숙해질 것이다.

어쨌든 이 책의 독자가 되어주어 고맙다. 우리끼리 얘기지만, 당신이 지금 읽고 있는 책은 신경 *끄기* 가이드들 중에 가장 유용한 책이다. 세상에 걱정과 문제가 없는 사람은 없기 때문이다.

확실한 점 하나:

인생을 살다 보면 반드시 엿 같은 일을 겪게 된다!

그러나 기억할 점 하나:

거기에 대처하는 법을 알려주는 매뉴얼이 여기 있다!

이 책에는 다음과 같은 내용이 담겨 있다.

- 멘붕의 네 가지 얼굴(그리고 뒤집기)

- 멘붕 자원 관리하기
- 머릿속 공간 정리
- 모든 걱정을 지배하는 절대 질문
- 발생 가능성에 따라 문제를 분류하고 긴급성에 따라 우선순위를 정하는 법
- 교묘한 마음 재주 발휘하기
- 타조 모드와 그것을 피하는 법
- 생산적이고 유용하고 효과적인 방식으로 걱정하기(PHEW)
- 문제 대처의 3단계 기술
- 현실적이고 이상적인 결과(RIO)
- 그리고 기타 등등

당신도 나와 비슷하다면, 그러니까 "대체 이걸 어떻게 해결한단 말이야?!" 하고 외친 적이 있다면, '~하면 어떡하지?'라는 생각을 필요 이상으로 자주 한다면, 걱정을 밥 먹듯이 하고 툭하면 멘붕에 빠지고 통제할 수 없는 것에 강박적으로 집착하느라 시간과 에너지를 낭비한다면, 내가 분명히 당신을 도울 수 있다.

명심하자. 나는 당신의 걱정이나 문제가 무의미하다고 말할 생각도 없고, 그것을 최소한으로 줄여줄 수도 없다. 거기에 대처하도록 도와주는 게 내 목표다. 그 첫 단계는 마음을 가라앉히는

것이다. 맹세컨대 나는 "다 잘될 거야"라든가 "그렇게 나쁜 상황은 아니네"라는 말은 절대 안 할 것이다.

당신이 지금 겪고 있는 그 거지 같고 짜증 나는 일, 당신 생각만큼 거지 같고 짜증 나는 일인 것 맞다. 두말할 필요가 없이 확실하다.

그러나 내 말을 믿기 바란다.

나는 100퍼센트 확신한다. 자동차로 2킬로미터를 달리는 동안 내가 소름 끼치는 독거미를 무릎에 올려놓고 10분을 견뎌낼 수 있다면, **당신 역시 마음을 가라앉히고 짜증 나는 문제에 대처할 수 있다**는 것을 말이다.

1장

걱정이 많아서
걱정이면 어떡하죠?

일단 진정부터 하시죠

1장에서는 당신의 문제가 무엇인지, 그리고 그것이 삶에 어떤 혼란을 일으키고 있는지 점검하는 일부터 시작한다.

조금 더 흥미를 가져줄 수 있겠는가?

그렇다면 **멘붕의 전개 과정**에 대해 알아보겠다. 그것이 어떻게 일어나고, 어떤 겉모습을 지녔으며, 당신에게서 무엇을 빼앗아 가는지 말이다. **멘붕의 네 가지 얼굴과 뒤집기**도 설명할 것이다. 우리 집에서 '멕시코 공항 증후군'이라고 부르는 것에 대한 지침도 소개한다.

다음으로 **멘붕 자원**을 설명한다. 멘붕을 방지하거나 거기서 빠져나오기 위해 사용하는 자원, 즉 시간, 에너지, 돈이다. 이것들은 세상을 돌아가게 하는 힘이지만, 끔찍한 일이 일어나고 있을 때는 특히 더 그렇다. 그리고 네 번째 자원도 있다. 당신은 이 네 번째 자원을 자신도 모르는 새에 너무 오랫동안 초과인출해서 사용하고 있을지도 모른다. 자세한 얘기는 뒤에서 하겠다.

이번 장 끝에서는 **머릿속 공간 정리**라는 개념을 설명하고, **모든 걱정을 지배하는 절대 질문**을 소개한 후, 마지막으로 **'감정 강아지 가두기'**라는 기술을 알려줄 것이다.

이런 개념들이 조금 별나게 느껴지는가? 아마도 '감정 강아지 가두기' 같은 표현이 특히 그럴 텐데, 속는 셈 치고 한번 읽어보길. 내가 보기엔, 삶의 문제를 해결해준다는 훨씬 더 미심쩍은 해법들이 자기계발이라는 이름을 달고 곳곳에 널려 있다. 적어도 나는 이 책에 소개하는 방법이 효과가 있음을 확신한다. '나'에게 효과가 있었기 때문이다.

나는 몹시 합리적이고 이성적이기도 하지만, 때때로 완전히 정신 줄을 놓는 바보이기도 하다. 안티구루도 당신과 똑같은 인간이다! 자, 우리 다 함께 멘붕에 빠져보자.

도대체 무엇이 문제인거죠?

이렇게 말해서 미안하지만, 아무래도 당신, 왠지 불안해 보인다.

어쩌면 비교적 사소한 일 때문일지도 모른다. 할 일 목록에 남은 마지막 항목을 처리해야 하는 것에 대한 걱정일 수도 있고, 부모님께 더 자주 전화를 드려야 하는데 그러지 못한 것이 자꾸 마음에 걸릴 수도 있다. 또는 더 심각하거나 복잡한 문제가 마음을 점령했을지도 모른다. 대학원에 가고 싶은데 일과 병행할 수 있을지, 학비는 감당할 수 있을까 하는 걱정 같은 것 말이다. 당신이 가진 불안감의 원인을 꼭 집어 설명하기 어려울 때도 있지만, 어떨 때는 분명하게 꼭 집어 가리킬 수 있다. 자전거가 완전히 박살 났다든지, 당신이 사는 집이 땅다람쥐의 집단 서식지 위에 지어졌다는 사실을 알게 됐다든지.

또는, 이건 순전히 근거 없는 추측이지만, 혹시 그 모든 일이 동시에 발생하진 않았는가?

그래, 왠지 그럴 것 같은 예감이 들었다.

놀랄 만한 소식을 하나 알려줄 테니 준비하시라. 그 모든 걱정은 서로 연결돼 있다. 머릿속에서 낮게 윙윙거리는 불안감, 사소한 것이든 심각한 것이든 아직 일어나지 않은 일과 이미 벌어진 일에 대한 그 모든 걱정 말이다. 그것들은 서로 관련돼 있으며, 당신은 이 책이 가르쳐줄 현실적이고 실용적이며 합리적인 사고를 통해 그 모든 걱정에 대처할 수 있다.

불안감을 깨부수려면, 먼저 그 불안감 밑에 깔린 구체적인 문제가 뭔지 밝혀야 한다. 명심하자. 한 번에 하나씩 하는 거다.

나도 안다. 말처럼 쉽지 않을 때도 많다는 걸. 박살 난 자전거나 땅다람쥐 서식지의 경우라면 당연히 문제를 밝히고 자시고 할 것도 없다. 하지만 아무 이유 없이 괜히 기분이 찜찜할 때도 있다. 그런 기분은 점점 당신을 지옥으로 끌고 들어간다.

- 밤에 잠이 안 와.
- 패닉 상태로 잠에서 깼어.
- 초조해 죽겠어.
- 마음이 너무 심란해.

아무 이유 없이 그런다고? 괜히? 틀렸다.

불안감에는 '반드시' 이유가 있다. 당신의 걱정 뒤에는 모종의 가정 상황이 깔려 있다. 그리고 그것을 정확히 집어낼 수 있다면, 진정하고 대처하기가 더욱 쉬워진다. 예컨대 방금 든 예들의 심리 상태는 사실 이런 것일 수 있다.

- 내일 병원에서 안 좋은 결과가 나올까 봐 잠이 안 와.
- 프레젠테이션을 망칠까 봐 불안해서 패닉 상태로 잠에서 깼어.
- 준비를 제대로 못 해서 시험에 떨어질까 봐 초조해 죽겠어.
- 해야 할 일을 잊어버릴까 봐 걱정돼서 마음이 너무 심란해.

모든 게 타란툴라 같아

나는 패닉 상태로 잠에서 깨는 일에 익숙하다. 또 '아무 이유 없이' 기분이 찜찜해지는 경우도 많다. 그 순간은 아침에도, 늦은 밤에도, 심지어 나의 소중한 칵테일 타임인 오후 4시에도 찾아온다. 비유하자면, 그것은 눈에 안 보이는 타란툴라가 내게 몰래 접근하는 상황과 비슷하다. 나는 분명 뭔가가 있다는 걸 알지만, 털이 수북한 그 작은 얼굴과 몸뚱이가 드러나지 않는다면 내가 어떻게 대처할 수 있겠는가?

나는 "모든 게 타란툴라 같아"라는 투덜거림이 입에서 튀어나올 때면('그' 사건이 발생하기 6개월 전쯤부터 그렇게 투덜대는 버릇이 생겼다), 잠시 멈춰서 자신에게 "아냐, 그렇지 않아. 내 걱정의 정체가 뭐지?"라고 묻는다. 모든 것이 숨어 있는 타란툴라는 아니기 때문이다.

사실 모든 문제는 눈에 보이는 곳에 놓여 있고 이름도, 나름의 형태도 있다. 책을 빨리 반납해야 하거나, 부모님이 곧 방문하실 예정이거나, 지붕이 새거나, 파티를 계획 중이거나, 직장에 새로운 상사가 오거나, 전화요금을 냈는지 가물거리거나 등. 당신의 신경을 긁고 있는 문제를 정확히 인지해야만 그것을 해결하러 나설 수 있다. 그리고 어떤 문제도 타란툴라보다는 낫다. 즉 이 기법은 여러 상황에서 효과가 있다.

우선 '왜' 그런 기분을 느끼는지 알아야 한다. 그래야 해결 방법도 찾을 수 있다. 문제를 '인정'해라. 일단 그렇게 하면, 나머지는 내가 도와주겠다. 당신은 몇 분 동안 자기 성찰만 하면 되니, 꽤 해볼 만한 거래 아닌가?

오늘 아침에 패닉 상태로 잠에서 깼다면 또는 지금 기분이 거지 같다면, 10분만 투자해 당신을 괴롭히는 타란툴라의 정체를 밝혀라. 아직은 애써 진정할 필요도, 문제를 해결하려고 버둥댈 필요도 없다. 일단 그 문제를 그늘에서 끌어내 종이 위에 올려놓아라(만일 현재 '모든 게 타란툴라 같아' 불안증을 겪고 있지 않다면 이 부분은 그냥 건너뛰어도 좋다. 하지만 나중을 위해 기억은 해두길 바란다).

나의 타란툴라:

_____

_____

_____

이제부터 마음속 걱정 때문에 그냥 심란하거나 잠을 설치는 정도가 아니라 심각한 멘붕 상태로 치달을 때 어떤 일이 벌어지는지 설명하겠다.

어째서 나는 당신에게 지옥 깊은 곳까지 보여주려는 걸까? 멘붕 상태에 관해 제대로 이해해야 그것을 '피하는' 방법도 알 수 있기 때문이다.

멘붕의 전개 과정

이번 주말에 집에서 딸의 고등학교 졸업 파티를 열 예정이라고 하자. 당신은 텍사스대학교에 진학할 예정인 딸이 너무나 자랑스럽다. 파티 참석 인원을 세 번이나 확인했고, 거기에 맞춰 음식을 준비했다. 그런데 이런 생각이 든다. '예상한 것보다 사람들이 더 많이 오면 어떡하지?'

파티에 내놓을 음식과 음료가 부족해지는 상황이 걱정되기 시작한다. 게다가 손님들이 저마다 친구들을 데려올지도 모른다. 참석 명단에 없던 남자아이 대여섯 명이 나타나 핫도그를 사정없이 먹어 치울 수도 있다. 구운 고기와 감자샐러드의 비율이 파티 초반에 너무 빨리 한쪽으로 치우치는 상황이 생길지도 모른다.

마음 한편에 그런 걱정이 이는 것은 정상이다. 중요한 행사를 앞두고 이런저런 걱정이 전혀 떠오르지 않는 사람이 있다면, 그런 사람은 불안이라는 감정을 아예 못 느끼고 자기 확신만 가득한 초인만큼 희귀한 존재다.

중요한 것은 그다음에 당신이 어떻게 행동하느냐(또는 행동하지 않느냐)다.

당신은 마트에 가서 여분의 핫도그를 사다가 냉동실에 넣어둘 수도 있다. 행동을 취함으로써 걱정이 심리 상태라는 스웨터를 망가트리는 것을 막을 수 있다. 아니면 문제(음식이 부족할 가능성)를 인정하고 자신이 통제할 수 없는 것(예상치 못한 손님들)을 받아들인 후 통제할 수 있는 것(핫도그의 분량)에 집중하는 대신, 마냥 걱정만 하고 앉아 있을 수도 있다.

예컨대 이런 생각이 꼬리에 꼬리를 문다고 치자.

- 시트로넬라 향초가 광고와 달리 실제로는 모기 쫓는 효과가

없으면 어떡하지?

- 비가 오면 어떡하지?
- 주문해놓은 신제품 컵받침이 제시간에 배송되지 않으면 어떡하지?

어허, 이런. 스웨터의 올이 조금씩 풀어지고 있다. 그런데 가만보면, 전부 다 할 만한 걱정들이다! 어쩔 수가 없다. 당신은 멈추지 않고 계속 실밥을 잡아당긴다. 걱정은 이렇게 점점 늘어난다.

- 사람들이 우리 집 정원 장식을 보고 내가 지나치게 신경을 썼다고(또는 별로 신경을 안 썼다고) 생각하면 어떡하지?
- 길가에 세워진 손님들 차 때문에 이웃 사람들이 짜증을 내면 어떡하지?
- 준비를 잔뜩 해놨는데 다들 못 오게 됐다고 하면 어떡하지?

이제 스웨터는 다 풀려서 배꼽티에 가까워진다. 당신은 필요한 행동을 취하는 건 고사하고 제대로 숨조차 쉴 수 없다. 이젠 단순히 조금 걱정되는 정도가 아니라 완전히 멘붕에 빠진다.

유리 멘탈의 붕괴 과정

~하면 어떡하지?

↓

걱정

↓

아무 행동도 안 함

↓

멘붕

이렇게 된다. 하지만 적절한 훈련으로 이렇게 진행되는 걸 막을 수 있다.

예를 들어 2장에서는 **통제할 수 있는 것을 확인하고**(강력한 살충제 여러 통 사놓기, 천막 준비하기, 긴급 배송 신청하기), **통제할 수 없는 것을 받아들이는**(오렌지색과 흰색이 섞인 꽃장식을 옆집 아주머니가 경멸한다는 사실, 초대한 손님 모두가 수두에 걸리는 것) 법을 설명한다. **그러면 어떤 결과에 대해서는 대비하고 그 밖의 결과에 대한 걱정은 잊어버릴 수 있다.**

하지만 일단은 필요한 진단부터 해보자. 당신의 걱정이 보글보글 끓어오르는 수준이든, 아니면 이미 끓어 넘쳐 폭발했든, 그게 어떤 종류의 멘붕인지 알 필요가 있다는 얘기다.

사람마다 멘붕의 양상도 다르고 그것을 진정시키는 방법도
다르다.

유리 멘탈 뒤 네 가지 얼굴

나는 내 조언으로 도움을 얻을 만한 독자들을 여러 유형으로 분
류해본 적이 있다. 어느 정도 자신에게 해당하는 유형과 특징을
만나면 누군가에게 관심받고 있다는 기분이 들기 마련이고, 곧
몹시 불편한 진실에 머리를 한 방 얻어맞게 될 사람한테는 그런
기분이 위안이 되기 때문이다.

그런데 안타깝게도 사람들의 멘붕 양상과 그 이유는 종잡을
수 없이 너무나 다양하다. 어떤 사람은 오수 정화조가 역류해도
눈 하나 깜박 안 하면서 스타벅스에 아몬드 크루아상이 떨어지
면 미치려고 한다. 또 어떤 사람은 차가 견인됐을 때는 한없이
침착하지만, 〈도전! 슈퍼모델〉을 하는 도중에 정전으로 TV가 나
가버리면 길길이 날뛰기도 한다.

게다가 멘붕에 빠진 모습도 제각각 다르다. 어떤 사람은 입을
떡 벌린 채 땀을 흘린다. 그런가 하면 울기부터 하는 사람도 있
다. 대책 없이 침울해지는 사람도 있고, 멍한 표정으로 허공만

응시하는 사람도 있다.

설상가상으로, 어느 날 갑자기 어떤 이유로든 평소의 자신답지 않게 멘붕에 빠지기도 한다. 예컨대 '나 지금 몹시 감성적임' 이모티콘을 온종일 페이스북에 올리는 친구 테드와 달리 '당신'은 울보가 아니겠지만, 만일 결혼반지를 잃어버리거나 사랑하는 할머니가 돌아가신다면 당신도 금세 울보로 변할 수 있다. 나는 평소 소리 지르는 데 호흡을 낭비하는 스타일이 아니지만, 어느 날 냉장고를 열다가 발등을 세게 찧었을 때는 깡총거리며 한참 동안 욕을 해댔다.

말했듯이, 멘붕의 형태와 이유는 종잡을 수가 없다. 그래서 나는 독자 개개인을 특정한 카테고리로 분류하는 대신, 멘붕의 종류를 다음처럼 네 가지로 나눴다.

- **불안**
- **슬픔**
- **분노**
- **회피**(일명 '타조 모드')

이것이 멘붕의 네 가지 얼굴이다. 뭔가를 강박적으로 걱정할 때 우리의 겉모습이다. 당신은 이 네 가지 얼굴을 제대로 알아야 거기에 맞설 수 있다. 한마디로, 당신을 괴롭히는 적을 알아야 한다.

 불안

겉모습: 불안은 다양한 형태로 나타난다. 그리고 종종 사람들은 자신이 그런 심리 상태라는 사실을 인지하지 못한다. 예를 들어 자신은 식중독 증상이라고 생각하지만 소화가 안 되고 속이 불편한 것이 사실은 불안 때문일 수 있다. 반대로, 사실은 공황발작이 일어난 것인데 누군가가 자신의 음식에 독을 탔다고 생각할 수도 있다(나도 그랬다). 불안의 다른 증상으로는 이런 것이 있다. 초조함, 두통, 열감, 밭은 숨, 어지러움, 불면증, 주저하기, 설사, 담당 편집자한테 한 시간 전에 보낸 편지에 답장이 왔는지 이메일을 강박적으로 계속 확인하기 등. 병원에서 불안장애 진단을 받지 않았어도 얼마든지 불안을 경험할 수 있다. 차분하고 이성적이고 평상시에 불안함이 거의 엿보이지 않는 사람들도 때때로 불안을 겪는다.

해로운 이유: 앞서 말한 증상들 외에, 불안이라는 심리 상태의 가장 유해한 부작용 중 하나는 '너무 많이 생각하는 것'이다. 당신의 시야에 들어왔다 나갔다를 반복하면서 근처에서 계속 앵

앵거리는 파리를 상상해봐라. 생각 과잉의 두뇌는 그 파리와 비슷하다. 이번엔 정확히 겨냥했다고 믿으며 파리를 향해 공을 던질 때마다 녀석은 잽싸게 다른 방향으로 날아간다. 천장 오른쪽 구석! 아냐, 잠깐! 저기 계단 옆이야! 에잇, 이번엔 너무 느리게 던졌잖아! 이제 파리는 당신 머리 위 1미터쯤에서 날아다닌다. 폭발 직전인 당신의 뇌가 부르르 떨리듯 양 날개를 떨면서. 파리야, 대체 어디에 앉고 싶은 거니? 제발 빨리 좀 마음을 정하라고.

생각 과잉은 생산성을 방해한다. 당신은 파리가 어느 한 곳에 3초 이상 앉아 있는 것을 본 적이 있는가? 그런 파리가 뭘 얼마나 이뤄낼 수 있겠는가.

어떻게 할 것인가? 날렵한 기술로 그 불안을 쳐부숴야 한다. 집중력을 잃지 마라. 한 번에 문제 하나씩, 한 번에 한 부분씩 해나가면 된다. 가장 중요한 것은, 문제에 대한 '해결책'을 한 번에 하나씩 찾는 것이다. 2장에서 이와 관련된 현실적인 팁들을 소개할 것이다. 일단 여기서 내가 당부하고 싶은 말은 '책을 덮지 말고 계속 읽으라'는 것이다.

슬픔

겉모습: 울기, 잔뜩 찌푸린 얼굴, 구겨진 옷차림, 시커멓게 번진 마스카라, 절망적인 기운, 들썩이는 어깨와 울먹이며 몰아쉬는 숨. 이런 심리 상태는 '소셜미디어 자기 연민'이라는 병을 낳을 수도 있다. 이 병은 자기 자신뿐만 아니라 친구와 팔로워들까지 피곤하게 한다. 테드, 이제 그만해라 좀! 네가 슬픈 표정의 고양이 캐릭터 짤방을 동원해 하늘이 무너진 것처럼 구는 거, 아무도 보고 싶어 하지 않는다고.

해로운 이유: 미리 말해두지만, 나는 실컷 우는 것 자체를 뭐라고 할 생각이 전혀 없다. 어릴 때 살던 옛집이 사악한 도시 개발업자들 때문에 철거당할 예정이라 속상한가? 당신이 아끼는 햄스터 핑퐁이 수술을 잘 견뎌내지 못할까 봐 걱정되는가? 괜찮다, 소리 내어 실컷 울어라. 나도 툭하면 그런다. 울고 나면 카타르시스가 찾아온다!

단, 언제까지고 슬픔에 빠져 허우적대진 마라. 슬픔 속에서 뒹굴면, 다시 말해 슬픔이 오랫동안 당신을 점령하게 놔두면, 더 큰 문제가 생긴다. 지속적인 슬픔은 심신의 에너지를 고갈시킨다. 에너지가 바닥나면 밥을 먹기도 싫고 집 밖에 나가기도 싫어진다. 이는 더 심각한 무기력증을 초래해 생산성이 점점 떨어진다. 그러면 계속 더 우울해지고 문제를 해결하려는 의지가 아예 없어질 수 있다.

분명히 말해두지만, 슬프다는 기분을 느끼는 것과 임상적 우울증은 다르다. 만일 당신이 그냥 슬픈 게 아니라 온종일 우울함에 사로잡혀 벗어나지 못하는 것 같다면, 비속어를 섞어 쓰고 싶어 안달인 어떤 여자가 쓴 책일랑 덮어두고 다른 누군가에게 도움을 청할 것을 강력히 권한다. 자기 자신이 형사이고 해결해야 할 사건이 자신의 머릿속일 때는 불안과 마찬가지로 우울증도 알아차리기 어려울 수 있다. 당신은 주변 사람들이 "넌 그냥 슬픈 게 아니라 온종일 우울함에서 벗어나지 못하는 것 같아. 전문가를 찾아가 보는 게 어때?"라고 말한다면 귀 기울여 듣는 편인가, 흘려버리는 편인가? 누군가의 도움을 받는 것을 부끄러워하지 마라. 인간이라면 누구나 우울증을 앓을 수 있다. 겉으로 볼 때 아무 부족함 없이 행복하게 사는 사람도 마찬가지다. 마음의 병이란 엄청나게 골치 아픈 놈이다.

나에게 당신의 우울증(질환)을 진단하거나 치료해줄 능력은 없다. 하지만 우울한 기분(마음 상태)은 충분히 싸워볼 만한 상대라고 생각하고, 그런 점에서 이 책을 자신 있게 권한다. 내가 보기에 그 상대는 이미 기진맥진해 있다.

어떻게 할 것인가? 인내심을 갖고 조금만 기다려주길. 나는 곧 당신을 침대에서 일으켜 집 밖으로 걸어 나가게 해줄 것이다. 틀림없이 펑퐁도 당신이 그러길 바랄 거다.

 분노

겉모습: 냉장고문에 발등을 찧은 사건이 있긴 했지만, 나는 화를 잘 내는 편이 아니다. 어쩌면 부모님이 내 앞에서 싸우는 모습을 보지 않고 자라서인지도 모른다. 어쩌면 타고난 성향이 그렇거나, 분노는 겉으로 드러내지 않고 내가 당한 걸 그대로 갚아주는 얼음처럼 차가운 여자라서 그런지도 모른다. 하지만 내가 악을 쓰거나, 몹쓸 병에 걸리라고 누군가에게 저주를 퍼붓거나, 상대가 애지중지하는 물건을 박살 내지 않는다고 해서 분노라는 심리 상태가 어떤 건지 모르는 건 아니다. 격한 분노에 휩싸인 사람에게는 이런 증상이 나타난다. 혈압과 체온 상승, 신체적 폭력을 가하고 싶은 충동, 그것을 실행할 경우 입는 부상, 엉망이 된 얼굴, 앙다문 입술, 흉하게 불거진 목 힘줄 등.

그러나 눈에 보이지 않지만 만만치 않게 나쁜 또 다른 결과는 분노가 올바른 판단을 방해한다는 점이다. 분노는 상황을 더 악화시킨다.

해로운 이유: 스마트폰 카메라가 일상화된 요즘 자제력을 잃고 날뛰다가는 불과 10분 안에도 개망신을 당할 수 있다. 끔찍한 욕설을 내뱉는 당신 모습이 저녁 뉴스에 나오기를 바라는가? 화를 참지 못해 공공기물을 들이받는 모습이 페이스북 라이브로 온 세상에 중계되어도 괜찮은가? 당연히 안 괜찮을 것이다.

어떻게 할 것인가? 분노 조절 기술을 가르쳐주는 수업을 들을 수도 있겠지만, 그다지 재밌지는 않을 것이다. 내게 흥미로운 대안이 몇 가지 있는데, 아마 당신 마음에도 들 거라고 본다. (특히 139쪽에 나오는 내용을 추천한다.)

멕시코 공항 증후군

오래전에 여행사를 통해 가족 휴가를 갔다가 돌아오는 길이었다. 우리 일행 열세 명이 멕시코시티에서 항공편을 환승하려는데 나만 비행기 티켓이 없었다. 창가 자리에 앉느냐 못 앉느냐 따위가 문제가 아니라 티켓 자체가 없는 것이다. 대체 어떻게된 건지 영문을 알 수 없었다. 이럴 때 상황을 해결하는 데 전혀 도움이 안 되는 게 무엇인지 아는가? 항공사 직원에게 화를 내면서 길길이 날뛰는 것이다. 평소 다정하고 마음이 넓으며 몹시 침착한 성격인 내 남편은, 하마터면 그 비싼 교훈을 얻을 뻔했다. 남편이 약 3.2초 동안 직원한테 화를 냈지만, 내가 얼른 팔꿈치로 남편의 옆구리를 쿡쿡 찌르면서 '난동 승객으로 찍혀서 멕시코시티에 구금돼 있기는 싫어'라는 간절한 눈빛을 보냈다. 남편을 곤경에서 구해준 또 한 사람은 롱아일랜드에서 온 어느 아주머니였다. 그녀에게도 나랑 똑같은 문제가 발생했는데 남편과는 비교가 안 될 정도로 미친 듯이 흥분했던 것이다. 그녀는 다음 날 아주아주 중요한 유대교 성인식에 참석해야 한다고 했다. 그날 나는 비행기에 탔고, 그 아주머니는 못 탔다.

 회피

겉모습: 회피, 일명 '타조 모드'의 미묘한 부분은 자신이 그걸 하고 있다는 사실조차 모를 수 있다는 점이다. '그걸 하고 있는' 것이 곧 '아무것도 안 하고 있는' 것이기 때문이다. 당신은 경고 신호를 무시하거나 외면하고는 문제가 일어나지 않았다고 믿으려 애쓴다. 여러분, 난 아무것도 안 보여요! 모래에 머리를 처박았으니까요! (물론 나도 이 거대한 새가 진짜로 맹수를 피하려고 작은 머리를 모래에 묻지는 않는다는 사실 정도는 잘 안다. 내 비유의 정확성에 대해서

는 심각하게 따지지 말고 대충 넘어가 주었으면 한다. 그러지 않으면 책을 쓰는 나도, 읽는 당신도 재미가 덜할 테니까.)

때로 회피는 독립적인 성격을 띤다. 예컨대 그저 어떤 귀찮은 일을 하기 싫어서 미루고 있다면 그것은 순수한 회피다. 하지만 불안이나 슬픔 또는 분노에 '이미' 마음을 점령당한 상태에서 회피 태도가 나타나는 경우도 있다. 그럴 때 당신 머릿속은 바닷가재를 삶는 솥과 같다. 뚜껑을 계속 꼭꼭 눌러 닫아둘 수만 있다면 당신은 솥 안쪽의 소리 없는 비명을 들을 필요가 없을 것이다.

해로운 이유: 무엇보다도, 해결하지 않은 문제는 더 큰 문제를 불러온다. 배심원 소환장을 무시하면 벌금형을 받거나 체포영장이 발부되어 당신의 신원 기록에 경범죄가 영원히 남을 수도 있다. 후천적으로 생긴 젖당 소화장애증을 무시하면 디너파티에서 설사가 터져 민망한 상황을 맞을지도 모른다. 크리스마스트리로 쓸 나무를 베다가 다친 손을 귀찮다고 제대로 치료하지 않으면, 도끼가 아니라 의수를 조작하는 법을 익히면서 새해를 맞이해야 할 수도 있다.

둘째, 짜증 나는 문제를 일부러 무시하는 것이 그것을 인정하거나 받아들이거나 처리해야 하는 수고를 피해 가는 영리한 방법이라는 건 나도 안다. 하지만 이거 아는가? 만일 당신이 걱정거리 때문에 타조 모드가 되었다면, 사실상 당신은 그 걱정에서 빠져나오지 못한 것이다. 처박았던 머리를 꺼내보면 그 걱정거리는 모랫구멍 바로 옆에서 당신을 쳐다보고 있을 것이다. 회피는 당신의 문제를 절대로 해결하지 못한다.

어떻게 할 것인가? 좋은 질문이다. 일단 이렇게 물었다는 것만으로도 이미 나아지고 있다는 징조다.

설문조사 결과: 멘붕에서 자유로운 사람은 없다

이 책을 쓰려고 자료를 수집하는 동안 온라인으로 익명의 설문조사를 진행해 멘붕에 빠질 때의 반응을 말해달라고 했다. 그랬더니 '불안/공황'이라고 답한 사람이 가장 많았다(38.6퍼센트). '화를 낸다'와 '문제를 회피한다'는 각각 10.8퍼센트였다. 8.3퍼센트는 '슬픔/우울함'이라고 대답했다. 그럼 나머지는? 응답자의 거의 3분의 1인 30.3퍼센트가 '하나만 고르기 힘들다. 그 모두에 다 해당한다'라고 말했다. 이 결과를 보고 나는 이 책이 대박을 터트릴 거라고 믿었다. '나는 아무것도 해당하지 않는다'라고 답한 사람은? 겨우 1.2퍼센트였다.

유리 멘탈을 강철 멘탈로 바꾸는 방법

사실 지금까지 2장의 핵심 내용을 아껴두고 있었지만, 당신이 지금까지 잘 참고 따라와 주었으므로, 걱정의 늪에 빠질 때 **상황을 반전시키는 '멘붕 뒤집기'**를 미리 살짝 맛보게 해주겠다.

이것의 기초 원리는 뉴턴이 주창한 '운동의 제3 법칙'이다. 알다시피, '모든 작용에는 반드시 반작용이 있으며 그 크기는 같고 방향은 반대다'라는 법칙이다.

그렇다고 고등학교 물리 수업을 애써 떠올릴 필요는 없다. 좋은 것을 이용해 나쁜 것에 대응할 수 있다는 개념 정도만 알면 되니까. 우는 것의 반대는 웃는 것이다, 폐의 공기가 바닥날 만큼 악을 쓰는 것의 반대는 심호흡이다, 진자는 양방향을 오가며 움직인다 등. 고로 멘붕 직전이든 그 한가운데 있을 때든 그 직후, 평정심으로 가는 간단한 방법 하나는 그 반대를 생각해보는 것이다.

마음 진정 처방전

불안하고 생각 과잉에 시달리는가?

초점 맞추기: 수많은 걱정 중에서 어떤 게 가장 중요한가? 당신

이 실제로 통제할 수 있는 것은 무엇인가? 거기에 신경을 집중하고 나머지는 잊어라(이는 앞으로 내가 계속 반복할 조언이기도 하다).

슬프고 에너지가 바닥났는가?

자신을 다독이며 회복하기: 당신이라면 슬픔에 빠진 친구를 어떻게 대하겠는가? 당신 자신도 그렇게 대해라. 따뜻하게 다독여라. 낮잠 자기, 초콜릿 먹기, 목욕하기, 칵테일 마시기, 좋아하는 드라마나 애니메이션 정주행하기 등. 우울한 기분을 떨쳐내고 기운과 웃음을 되찾는 데 도움이 될 것 같다면 뭐든지 해라.

분노가 치밀고 상황은 더 악화되고 있는가?

한 발짝 떨어져 생각하며 이성 찾기: 나는 멕시코시티 공항에서 팔꿈치로 남편의 옆구리를 찔렀지만, 당신은 자기 자신한테 그렇게 할 수가 없다(팔꿈치 각도상 불가능하다). 하지만 화가 치밀어 오를 때 낯선 나라의 공항 구금실에 며칠을 붙들려 있는 상황을 '상상'해볼 수는 있다. 결과를 마음속에 그려보고 그에 따라 당신의 행동을 조정해라.

계속 회피하면서 괴로움을 연장하고 있는가?

문제 마주하기: 문제를 인정하는 방향으로 한 발짝 움직여라. 아

주 조금이라도 상관없다. 문제가 뭔지 크게 소리 내어 말해라. 김 서린 욕실 거울에 적어라. 걱정거리랑 최대한 비슷하게 생긴 주술 인형을 만들어라. 그렇게 할 수 있다면 평정으로 가는 길에 이미 올라선 것이다.

그래, 바로 그거다. **문제가 뭔지 인정하고, 자신의 바람직하지 않은 반응을 인지하고, 그것을 반대로 뒤집어보는 것.**

간단하지 않은가? 만일 내가 '어려운' 방법을 설파했다면 전 작들이 베스트셀러가 되지 못했을 테고, 그러면 안티구루라는 흡족한 별명도 얻지 못했을 거다.

정신 차리지 않으면 탈탈 털리는 세 가지 자원

나는 **'신경 쓰기 자원'**이라는 용어를 만들어낸 사람이다. 여기서 자원이란 어떤 활동이나 약속, 친구나 가족과의 관계 등 자신이 중요하게 여기거나 좋아하는 일에 쓰는 **시간, 에너지, 돈**을 말한다. 반대로 중요하지 않거나 좋아하지 않는 일에는 그 자원들을 쓰지 '않기로' 선택할 수 있다. 이렇게 자원을 관리하는 것을 '신경 쓰기 예산 편성'이라고 한다. 하기 싫은 일이라도 그것이 꼭 해야 하는 일이라면 시간, 에너지, 돈을 써야 하므로 예산 편성이 필요하다. 예컨대 집세를 내야 한다면, 하기 싫더라도 일을 해야 한다.

나는 또 '**멘붕 자원**'이라는 용어도 만들었다. 멘붕 자원은 엿 같은 일이 생길 때 사용하는 자원이다. 당신은 내가 앞서 언급한 온갖 반응과 행동을 악화시키는 데 그 자원을 쓸 수도 있고, 아니면 평정을 되찾고 애초에 멘붕을 초래한 문제에 대처하는 데 쓸 수도 있다.

다만, 이것만은 기억해라. 아무리 용을 쓴대도 그 자원의 양은 한정돼 있으며, **당신이 하루 동안 사용할 시간이나 에너지, 돈은 당신이 소비한 만큼 줄어든다**는 것이다.

시간

시간은 공급량이 한정돼 있다. 태초부터 지금까지 쭉 그랬다. 누구도 시간을 더 만들어낼 수는 없다. 그러니 모든 것을 다 하려고 하면 결국 시간이 부족해진다. 그 '모든 것'에는 멘붕에 빠지는 것 또는 자신에게 일어날 것 같거나 일어나고 있거나 이미 일어난 일에 대처하는 것도 포함된다. 무엇하러 전자에 시간을 낭비한단 말인가? 후자에 사용하면 앞으로 당신에게 남은 시간의 질이 크게 향상될 텐데 말이다.

에너지

당신의 에너지도 결국엔 바닥난다. 제프 베이조스가 열심히 노력 중이긴 하지만, 당신이 잠든 사이에 영혼을 쏙 빼내 와이파이로 재충전해주는 기능은 아직 알렉사(Alexa)에 탑재하지 못했기 때문이다(제프 베이조스는 아마존닷컴의 최고경영자이며, 알렉사는 아마존이 개발한 인공지능 음성인식 비서다—옮긴이). 어느 시점이 되면 당신은 음식을 먹어야 하고, 휴식을 취해야 하고, 오래된 방식을 바꿔야 한다. 그리고 만일 어떤 끔찍한 문제가 터지면, 멘붕에 에너지를 덜 낭비하고 문제 대처에 쓸 에너지를 더 남겨놓지 않은 것을 후회하게 될 것이다.

돈

이건 좀 더 복잡한 주제다. 어떤 사람은 잘살고 어떤 사람은 가난하며, 자신의 돈주머니를 다시 채우는 능력도 사람마다 천차만별이기 때문이다. 하지만 경제 형편이 파산에 가까운 사람이 로스쿨 입학시험을 앞두고 불안에 휩싸인 나머지 스트레스를 풀려고 마구잡이 쇼핑을 하는 것은 분명 부적절한 행동이다. 만약 돈 걱정을 전혀 안 해도 되는 부자라면, 한 패션 브랜드 매장의 상품을 싹쓸이할 때 기분이 나아진다고 말할지도 모른다. 나는 자신만의 즐거움을 찾는 타인의 방식을 함부로 비웃을 생각은 없다. 그러나 카키색 반바지와 고리버들 벨트를 사는 데 쓴 돈이 입학시험 점수 문제를 해결해주지는 못한다. 차라리 그 돈으로 개인 과외교사를 고용하는 편이 현명하다.

한마디로 **걱정은 소모적인 행위다.** 당신의 시간, 에너지, 돈을 앗아가고 당신에게 유용한 것은 아무것도 주지 않는다. 하지만 그 자원들을 어떤 문제에 대처하는 데 쓰면, 당신은 실제로 거기에 대처하게 된다. 내 목표는 당신이 걱정을 최소한으로 줄이고 멘붕 자원을 현명하게 쓰도록 도와주는 것이다.

지금 이렇게 중얼거렸는가? "시도는 좋군요, 나이트 씨. 만약에 내가 걱정이 하나도 없어지고 시간과 에너지와 돈까지 완벽하게 관리할 수 있다면 나도 제프 베이조스가 되겠네요."

워워, 제발 진정하시라. 나는 '없앤다'가 아니라 '최소한으로 줄인다'고 말했다. 나는 '암에 걸려 죽을까 봐 날마다 걱정하기' 부문 세계 기록 보유자다. 세상에 완벽한 사람은 없다. 그러나 걱정을 하다 하다 정신 줄을 놓을 지경이라면, 자신이 쓸데없이 낭비하고 있는 자원에 대해 생각해봐야 한다.

생각 과잉 때문에 시간, 에너지, 돈을 낭비하는 예

- 외출하기 전에 옷을 일곱 번 갈아입느라 결국 약속 시간에 늦는다.
- 기말 리포트의 내용보다 글씨체 선택과 수정에 더 많은 시간을 보내다가 결국 제출하지도 못한다.
- 공사 도중 인테리어 전문가의 결정에 계속 이러쿵저러쿵 비판하고 의문을 제기하다가, 결국 공사 계약이 파기되고 착수금을 날린다.

불안한가? 생각이 너무 많으면 시간도, 돈도, 에너지도 낭비하게 된다.

슬픈가? 엉엉 울고 가슴을 치며 통곡하고 우울함이라는 괴물을 계속 키우는 데 에너지를 쏟으면, 정작 문제를 해결하는 데 쓸 에너지는 남지 않는다.

화가 나는가? 이거야말로 멘붕 자원을 가장 미련하게 쓰는 길이다. 자원을 활용하기는커녕 대개는 빚만 더 늘어나기 때문이다. 홈디포(Home Depot) 고객서비스 센터에 전화를 걸었는데 끝도 없는 대기 시간 때문에 열이 받아서 아이폰을 벽에 집어 던진다고 치자. 아이폰 액정화면이 깨지고 벽에도 움푹 구멍이 생기고 통화는 끊어져 버린다. 그러면 원래의 문제(하자가 있는 정원용 장식물)도 해결되지 않을뿐더러 돈 들어갈 항목이 두 개(아이폰과 벽)나 더 생긴다.

타조 모드에 들어갔는가? 이건 좀 나을 것 같은가? 하지만 문제를 회피해도 멘붕 자원이 낭비된다. 아무것도 안 함으로써 소중한 시간(해결책을 모색하는 데 쓸 수도 있었을 재생 불가능한 자원)을 엄청나게 낭비하게 된다. 또 '괜찮아, 아무 문제 없어'라고 자신을 세

뇌하느라 에너지도 낭비한다.

어떤 종류의 멘붕에 빠졌든, 그리고 어떤 종류의 문제를 피하고 싶든 **당신의 자원을 더 현명하게 사용할 방법은 존재한다.**

- 물리학 과목에서 낙제할까 봐 걱정하느라 **'시간'**을 낭비하는 대신, 차라리 그 시간에 학습용 양자 플래시카드를 만들어라.
- 룸메이트가 집에 돌아와 당신의 반려견이 그가 아끼는 농구화를 물어뜯어 놓은 걸 발견할까 봐 걱정하느라 **'에너지'**를 낭비하지 말고, 반려견을 보낼 애견 훈련소를 열심히 찾아봐라.
- 대머리를 예방해준다고 광고하지만 실제론 아무 효과도 없는 엉터리 제품에 **'돈'**을 낭비하느니 차라리 근사한 모자 여러 개를 사서 '끝내주게 멋진 모자 아저씨'가 돼라.

멘붕 뒤집기의 세계에 온 걸 환영한다. 당신을 여기서 만날 줄이야.

호들갑 떨수록 줄어드는 네 번째 자원

누구나 주변에 이런 사람 한 명쯤은 있을 것이다. 끊임없는 위기 상황 모드인 것 같은 친구나 가족, 직장 동료 말이다. 그의 이름을 셰리라고 부르자. 셰리는 어떤 날은 데이트 나갔다가 바람맞았다고, 어떤 날은 주차장에서 개자식이 자기 차를 뒤에서 들이받았다고, 또 어떤 날은 진상 고객 때문에 마감에 완전히 펑크가 났다고 마구 열을 내면서 난리를 친다.

셰리가 가장 최근에 겪은 끔찍한 일을 불평할 때, 또는 땀투성이 얼굴로 아침 회의에 나타나 눈을 쉴 새 없이 깜박이면서 "맙소사, 나한테 무슨 거지 같은 일이 생겼는지 알아?"라고 연신 투덜거릴 때, 당신은 "쯧쯧, 저런!" 하며 동정을 표해주었을 것이다.

그런데 사실, 셰리는 맨날 그런다. 그래서 솔직히 당신은 이렇게 대꾸하고 싶은 마음이 든다. "이 호들갑쟁이야, 이번엔 또 뭐가 문제야? 제발 진정 좀 하고 해결할 생각을 하라고."

내가 말하는 네 번째 자원은 **'호의'**다.

셰리가 모르고 있는 게 하나 있다. **큰일 났다면서 끊임없이 누군가의 현관문을 두드리면 그의 동정심이 약화된다는 사실이다.** 어느 시점이 되면 그는 면전에서 문을 쾅 닫아버릴 것이다.

이제 시나리오를 바꿔서 '당신'이 주변 사람에게 공감을 얻고 싶은 입장이라고 치자. 그래도 괜찮다. 타인을 동정하는 것은 인간의 본성이다. 우리는 누구나 남의 흉을 보고, 투덜대고, 칭얼거리고, 30도를 넘는 늦봄의 기온이 지구가 죽어가는 징후라는 사실을 까맣게 잊고서 최근에 날씨가 더워졌다고 아무렇지도 않게 말한다. 끔찍한 사건이나 재수 없는 일이나 불행이 닥치면 주변 누군가에게 공감을 얻고 싶기 마련이고, 타인이 공감해주면 당신도 기분이 한결 나아지는 법이다.

약속한 시간보다 40분이나 지나서 케이블 TV 기사가 왔는데 셋톱박스 설치에 필요한 부품을 빠트리고 안 가져왔고, 당신은 짜증이 폭발한 나머지 기사가 주고 간 증정용 볼펜을 우적우적 씹다가 이 하나가 부러졌다. 이럴 때 당신에게는 "그랬구나, 저런! 진짜 짜증 났겠다!" 하며 고개를 끄덕여줄 친구가 필요하다. TV를 꼭 봐야 하는데 그건 이미 틀렸고 이제 빌어먹을 치과에 가야 하게 생겼고 그러면 또 하루를 몽땅 날릴 텐데, 볼펜 따위가 무슨 소용이란 말인가! 또는 당신은 누군가를(그 누구라도) 붙들고 완전 밥맛 없는 직장 상사의 욕을 쏟아붓고 싶을 수도 있다.

그래, 나도 그 마음 안다. 당신의 반경 15미터 이내에 있는 사람들도 전부 안다. 그러니 조금만 진정하기를. 그리고 당신의 친구나 가족, 동료들은 괴로워하는 당신을 보면 아마도 당연히 안쓰러워하며 공감해줄 것이다.

그런데 이 지점에서 네 번째 자원의 포인트를 기억해야 한다. **만일 당신이 '매사'에 '항상' 멘붕에 빠진다면 호의 계좌의 자산을 심각하게 까먹게 된다.** 그 자산은 상어 수족관에 사람이 빠졌을 때 수족관 물을 빼내는 속도보다 더 빠르게 줄어들 위험이 있다. 당신은 양치기 소년과 비슷한 신세가 된다. 늑대가 왔다는 거짓말을 하도 자주 해서 진짜 늑대가 나타났을 때는 아무도 소년의 말을 믿지 않았던 걸 떠올려봐라. 당신에게 누군가의 도움과 공감이 절실하게 필요할 때는 정작 얻지 못할 수도 있다.

어쨌든 내 조언은 이렇다!

잠깐 옆길로 새도 괜찮을까? 끊임없이 위기 상황 모드에 돌입하는 불안증 동지들을 위해 내 경험담을 솔직하고 진지하게 들려주고 싶다.

범불안장애를 갖고 있음에도 아직 진단을 받기 전이었을 때 나는 친구나 가족, 동료, 남편에게 툭하면 극도로 불안해하며 멘붕에 빠진 모습을 보였다. 원인 모를 소화불량을 호소하고, 마지막 순간에 약속을 취소하고, 사무실에 앉아 질질 짜고, 남의 집에 가서 주인 허락도 없이 물건을 미친 듯이 정리하곤 했다.

주변 사람 대부분은 내가 왜 그렇게 항상 멘붕에 빠지는지 이해하지 못했다. 그들이 보기엔 내 걱정거리 대부분이 사람을 미치게 할 만한 게 아니었던 것이다.

"이번엔 대체 뭐가 문제야? 제발 진정 좀 하고 해결할 생각을 하라고. 맙소사."

그들 중 일부는 슬쩍 뒤로 물러나면서 동정하는 마음을 거두기 시작했다. 또 때로는 나를 귀찮아하는 마음이나 짜증을 숨기지 못하고 드러냈다. 그러면 나는 혼란스러웠다. 마음에 상처도 약간 입었고, 심지어 화도 났다. 하지만 시간이 흘러 뒤늦게 깨달은 점도 있고 전문가의 치료도 받은 덕분에 지금은 달라졌다.

어떻게? **나는 그들이 전혀 원망스럽지 않다. 그들에게는 내 상황을 해결해줄 의무가 없다.**

너무 냉정하게 들리는가? 하지만 나는 까놓고 솔직히 말하는 스타일로 밥벌이하는 사람이다. 앞에서도 말했듯, 나는 정신질환인 불안증이 얼마나 사람을 황폐하게 만드는지 누구보다 잘 안다. 가족과 친구가 그것을 알고 그 사람이 헤쳐나가게 도와줄 수 있다면, 그것만큼 감사하고 다행인 일이 없다. 내 남편이 그 예다. 몇 년간 나와의 극심한 마찰을 견디다가 결국 내 불안증을 이해하고 받아들이기 시작했는데, 나로선 얼마나 고마운지 모른다. 지금도 가끔은 집안 분위기가 가라앉지만, 적어도 남편은 이제는 '내'가 근본적인 문제를 인지한다는 사실을, 그리고 멘붕을 자제하려고 애쓴다는 사실을 안다. 그 덕에 내 계좌에는 거의 온종일 울고 잠으로 도피하고 상황을 바꾸기 위해 아무것도 하지 않던 과거보다 훨씬 더 많은 호의가 쌓였다.

누군가는 이의를 제기할지도 모르지만 내 주장은 이렇다.

우리 중 누군가는 인생이라는 게임에서 남들보다 나쁜 패를 얻고, 또 누군가는 계좌 잔고보다 많은 금액의 인출을 허락받는다. 하지만 호의 은행은 '당신'에게 해결해야 할 문제가 있다는 이유만으로 당신한테 평생 신용대출을 해주지는 않는다.

불안에 휩싸인 얼굴을 하지 않은 날이 하루도 없다면, 당신 문제 때문에 늘 주변 사람들에게 화가 나거나 찌푸린 얼굴을 들이민 다면, '당신 자체도 문제'라는 생각을 해봐야 할 때다.

내가 무슨 괴물 같은가? 난 괴물은 아니다. 좀 과하게 직설적 일지는 몰라도 말이다. 어쨌든 과하게 직설적인 이 여자의 생각 은 이렇다. 불안증을 겪는 우리 같은 사람들은 어느 정도 책임 있게 행동할 필요가 있다. 다시 말해 자신의 그런 성향을 인정 하고, 약간의 자아 성찰을 해야 하며, 병원이나 심리상담사 또는 기(氣)치료 전문가를 만나보는 것도 괜찮은 방법이다. **우리를 안 쓰럽게 여기고 도와줄 사람들이 전부 곁에서 떠나가는 일이 발생 하기 전에 말이다.**

그래, 당신도 내 말에 동의할 줄 알았다. 이제 다음으로 넘어 가자.

걱정 부자들을 위한 머릿속 공간 정리법

이제 1장 후반부에 접어들 참이다. 앞에서는 **문제를 정확히 인 지하고, 문제에 자신이 반응하는 방식을 이해하고, 그 반응을 평 가하는 것이 중요하다는 사실**을 설명했다. 이제 지금까지 배운 내용을 실행에 옮기는 방법으로 넘어갈 차례다.

그 핵심은 **머릿속 공간 정리**다. 일본의 정리 전문가 곤도 마리에(近藤麻理惠)를 통해 널리 알려진 물건 정리법과 마찬가지로 머릿속 공간 정리도 다음 두 단계로 이루어진다.

- **버리기**
- **정리하기**

차이점이 있다면 내가 말하는 정리는 서랍이나 옷장, 차고가 아니라 순전히 머릿속에서만 이루어진다는 것이다. 여기에는 육체활동이 동반되지 않는다. 나는 머릿속 공간을 정리하면서 요가의 "옴~" 소리를 암송하거나 양팔로 바닥을 짚고 몸을 띄우는 것 같은 자세를 하지 않는다. 물론 당신은 원한다면 해도 상관없다. 마음을 평온하게 만들기 위해서든, 아니면 YMCA에서 함께 요가 수업을 듣는 멋진 여자들한테 잘 보이고 싶어서든. 하지만 어쨌든 필수 사항은 아니다.

머릿속 공간 정리가 몸에도 긍정적 영향을 미쳐 에너지를 재충전해줄까? 두말하면 잔소리다. 패닉에 빠지거나 화를 내는 횟수가 줄면 심장과 폐에도 좋고, 아무런 잘못도 없는 물건을 걷어찰 때 부러지기 십상인 발가락뼈에도 좋다. 몸에 좋다는 것은 우리의 주목적이 아니라 멋진 부수적 결과에 해당한다.

머릿속 공간 정리의 두 단계는 걱정 탈출 기술의 두 단계와 일맥상통한다.

- **1단계: 걱정을 버린다**(즉, 마음을 가라앉히고 진정한다).
- **2단계: 그 나머지에 대한 자신의 반응을 정리한다**(즉, 문제에 대처한다).

이게 전부다. 버리기, 그런 다음 정리하기. 그리고 그 출발점은 당신이 걱정하는 문제를 똑바로 쳐다보면서 자신에게 아주 간단한 질문을 던지는 것이다.

모든 걱정을 지배하는 절대 질문: '내가 이것을 통제할 수 있는가?'

이것은 내가 하는 모든 조언의 바탕에 깔려 있는 질문이다. 앞으로도 자주 등장할 것이다. 곤도 마리에가 어떤 물건이 당신을 설레게 하는지 생각해보고 버릴지 말지를 결정하라고 하듯이, 또 자신에게 기쁨을 주지 않고 귀찮기만 한 일인지 생각해보고 만일 그렇다면 신경을 끄라고 내가 조언하듯이, '내가 이것을 통제할 수 있는가?'라는 질문은 마음속의 문제가 정말 걱정할 가치가 있는지, 그리고 당신이 그 해결을 위해 무엇을 할 수 있는지 판단하는 기준이 된다.

머릿속 공간 정리와 모든 걱정을 지배하는 절대 질문은 2장에서 더욱 진가를 발휘할 것이다. 하지만 그 전에 이번 장에서 마지막으로 말해주고 넘어갈 팁이 있다.

'~하면 어떡하지?' 하는 생각이 걱정으로 이어지고, 걱정이 걱정을 낳고, 걱정 때문에 상황이 더 힘들고 참담해질 때, **당신이 즉시 통제할 수 있는 것 하나는 바로 당신의 '감정적 반응'이다.**

좀더 자세한 설명을 위해, 인간의 가장 훌륭한 친구이자 때로는 최악의 원수인 존재를 등장시키겠다.

우리의 머릿속에는 통제불능 감정 강아지가 산다

감정은 강아지와 비슷하다. 강아지는 정말 귀엽고 즐거움을 주는 동물이다. 우리에게 위로를 주는가 하면 정신을 산란하게도 한다. 그런데 때로는 거실의 카펫에 오줌을 흥건하게 눠서 테라스로 쫓겨나는 신세가 되기도 한다.

어쨌든 간에 강아지는 평소에는 귀엽지만, 당신에게 반드시 끝내야 하는 일이 있을 때는 얘기가 달라진다. 그때는 녀석을 잘 구슬려서 근사하고 편안한 이동장으로 들여보내야 한다. 조그만 녀석이 제멋대로 뛰어다니고 있으면 당신이 중요한 일을 처리할 수가 없기 때문이다.

'나쁜' 감정 강아지인지 '좋은' 감정 강아지인지는 중요하지 않다. '모든' 감정 강아지는 우리의 집중력을 분산시킨다. 원래 그렇게 생겨먹었다. 긍정적인 감정이라 해도, 그것 때문에 얼마든지 완전히 정신 줄을 놓을 수 있다. 일테면 맥도날드에서 맥립버거가 재출시된다는 소식에 너무 기뻐 흥분한 나머지, 당신이 유치원에 아이를 데리러 갈 차례라는 사실을 까맣게 잊고 곧장 드라이브스루로 달려갈 수도 있다. 이런, 맙소사.

하지만 당신도 동의하겠지만, 길쭉한 빵 사이에 끼워진 돼지고기 패티를 맛볼 생각이 주는 기쁨과 흥분은 내가 상자 안에 가두라고 권고하는 감정이 아니다. 우리의 목표는 멘붕을 초래하는 감정 강아지를 붙잡는 것이다. 그리고 이렇게 하는 것이다.

- 그것에게 합리적인 체류 기간을 허락해 그 존재를 인정하고,
- 잠깐 실컷 나댈 기회를 주어 기진맥진하게 한 다음,

- 그것을 쫓아버리고 나서, 애초에 그것을 날뛰게 한 문제를 해결하는 일에 착수한다.

여기서 잠깐!

나는 의사도 아니고 심리학자도 아니다. 행동치료 전문가는 더더욱 아니다. 솔직히 말해서 나는 건강을 위해 하루에 물 여덟 잔을 마시라는 말도 잘 안 듣고, 도리토스가 정신건강에 좋은 과자라고 믿는 사람이다. 하지만 내게는 이성적 해결책을 모색하는 데 집중하기 위해 필요할 때 감정을 저만치 옆으로 밀쳐버릴 줄 아는 후천적 능력이 있다. 만약 이 책을 읽고 있는 당신이 의사나 심리학자나 행동치료 전문가이고, 진정하고 문제를 해결하기 위해 감정을 옆으로 밀쳐버리는 내 방법에 동의하지 않는다고 해도, 일단은 내 책의 독자가 되어준 것에 감사드린다. 나는 여러분이 하는 일의 의미와 중요성을 충분히 인정하고 여러분의 방식을 존경한다. 그리고 여러분이 나만의 사유로운 스타일로 쓴 이 책을 읽으면서, 내가 의학적 사실이 아니라 경험적으로 입증됐으며 선의가 담긴 조언을 제시하고 있다는 사실을 분명히 인지했으면 한다. 독자 리뷰의 평가에 '별 한 개'를 클릭하기 전에 이 같은 점을 고려해준다면 나로서는 더없이 고맙겠다.

감정에 대해 내가 하는 이야기를 당신이 오해 없이 제대로 이해해야 하므로, 다음과 같은 점들을 확실히 해두자.

- **감정을 느끼는 것은 지극히 자연스럽다:** 또 다른 방식으로 표현하자면 이렇다. "우리 인간에게는 감정이라는 게 있다!" 감정을 느끼는 것 자체는 문제가 아니다. 감정이 걷잡을 수 없이 날뛰게 놔두어서 '필요한 행동을 취하지 못하는' 것이 문제다.
- **사실 많은 전문가가 나쁜 경험에 대해 '자신의 감정을 있는 그대로 받아들이라'고, 그 경험을 극복하려면 그것을 정면으로 통과해야 한다고 말한다:** 트라우마의 경우 특히 이 말은 옳다. 그리고 나는 그런 문제나 감정을 아예 무시하라고 조언하는 것이 아니다. 다만 제멋대로 구는 강아지를 다룰 때처럼 당신의 감정을 주기적으로 격리하라는 얘기다.
- **심지어 가끔은 멘붕에 빠져도 괜찮다:** 이따금 한 번씩은 비명을 지르거나 베개에 고개를 묻고 타조 모드로 들어가도 괜찮다. 나는 '멍한 눈동자를 하고 감정이라곤 전혀 없는 껍데기 인간'이 되자는 얘기를 하는 게 아니다. 그건 연쇄 살인 행각을 벌이기 직전인 사이코패스한테나 어울리지 내가 독자 여러분에게 바라는 모습이 아니다.

그렇긴 하지만, 당신의 '감정 강아지'가 미친 듯이 날뛸 때는 이 동장에 가두고 적어도 잠깐은 열쇠 놔둔 곳을 머릿속에서 지워야 한다. 나는 다음과 같은 상황들에서 **감정 강아지 가두기**의 덕을 톡톡히 봤다.

- 웨딩드레스 뒷자락에 불이 붙는 일을 겪고 나서도, 샴페인에 취해 범인을 향해 난리를 치지 않고 무사히 결혼식 피로연을 마칠 수 있었다.
- 삼촌이 돌아가셨을 때 슬픔에 매몰돼 정신을 못 차리는 일이 없이 침착하게 추도사를 쓰고 장례식에서 읽을 수 있었다.
- 새벽 2시에 윗집 화장실 변기가 나이아가라 폭포로 변해 우리 욕실까지 물이 넘쳤을 때, 절망에 빠져 자포자기해서 상황을 악화시키고 다음 날까지 망치는 대신에, 얼른 긴급 배관공사 서비스 업체에 연락했다.

제일 먼저, 나는 내가 느끼는 감정을 인정한다. 불안이든, 분노나 슬픔이든, 또는 그것들의 다양한 파생물 중 하나(예: 두려움)든 말이다. 그리고 마음속으로 그 녀석의 목덜미를 움켜잡은 후, 당면한 문제를 해결하기 위해 써야 하는 두뇌 부분과는 다른 부분에 집어넣어 격리한다.

내가 언제나 성공하느냐고? 당연히 아니다! 나는 의사도 아니지만 전지전능한 신도 아니다(하지만 거짓말쟁이도 아니다). 감정 강아지 가두기는 항상 가능한 일도 아니고, 그것을 위해서는 연습과 노력이 필요하다. 근육과 침으로 이루어진 10킬로그램짜리 녀석을 이동장에 집어넣는 경우와 마찬가지로, 만일 잠금장치를 단단히 고정해놓지 않으면 당신의 감정 강아지는 날쌔게 탈출해 당신의 머릿속이라는 거실을 헤집고 다닐 수 있다. 마룻바닥을 긁어놓고 가구를 물어뜯어 당신의 정신을 산란시켜서 문제 해결에 집중하지 못하게 할 것이다.

그 강아지를 풀어준 사람은? 당신이다. 바로 당신이 그렇게 한 것이다.

괜찮다. **맞붙어 싸우든, 부드럽게 달래든, 아니면 속임수를 써서 유인하든, 당신은 얼마든지 녀석을 다시 잡아서 가둘 수 있다.** 그 구체적인 방법을 2장에서 설명할 것이다. 아까도 말했듯이 '연습'이 필요하다. 충분히 그럴 가치가 있다.

그리고 기억할 점이 또 하나 있다. 당신은 그 말썽쟁이 녀석을 가둬놓을 수도 있지만, 당신이 원할 때 다시 꺼내줄 수도 있다는 것이다. 꼭 꺼내놓아야 할 때 또는 그 귀여운 얼굴이 당신 기분을 더 나아지게 해줄 것이 분명할 때도 말이다.

당신의 감정을 저 멀리 교외 농장에 사는 노부부 집으로 입양

보내는 게 아니다. 녀석은 다시 풀려나 마음껏 돌아다닐 상황이 올 때까지 잠시 상자에서 얌전하게 쉬는 것이다. 그때가 되면 얼른 가서 상자의 문을 열어라. 그리고 마음껏 뛰어다니면서 당신을 즐겁게 해주도록 놔두어라. 당신 얼굴에 코를 비비고 발가락을 핥게 놔두며 당신의 고민을 잠시 잊어라.

하지만 어쨌든 명심해라. 감정 강아지에게 실컷 뛰어놀 시간을 주고 나면 다시 상자로 들여보내야 한다는 것을. 자, 착하지. 이제 진정할 시간이야.

감정 강아지는
잠시 우리에 가둬라

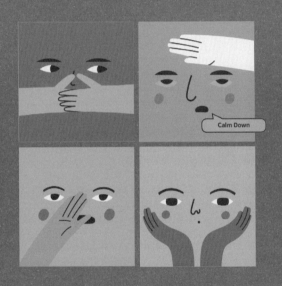

통제할 수 없는 문제는 받아들이고 잊어라

1장에서는 기본적인 사항을 다뤘고 이제 2장은 **실제 적용 단계**다. 말하자면 '~하면 어떡하지?'를 '이제 뭘 해야 하지?'로 바꾸는 방법이다.

나는 우선 **아직 일어나지 않은 일**에 초점을 맞출 것이다. 즉 가정 상황, 발생할 가능성 유무와 상관없이 당신을 걱정시키는 일 말이다. 걱정이 타당한지 판단하는 법, 걱정하는 일이 벌어진다고 가정할 때 **거기에 대비하고 피해를 완화하는 법**을 알려줄 것이다. 또 일부 경우에는 **그 사건이 애초에 일어나지 않게 예방하는 법**도 설명한다.

먼저, 기상청에서 허리케인에 등급을 매기듯이 **걱정을 등급별로 분류**할 것이다. 다른 점이라면 하늘의 폭풍우가 아니라 **불행 폭풍**을 다룬다는 것이다. 그다음에는 **걱정의 '상태'를 판단**한다. 즉 대응해야 하는 걱정 자체의 우선순위뿐만 아니라 그 일이 '얼마나 빨리' 일어날 것인지도 생각해보는 것이다. 이것을 가늠하는 기준은 시간적 거리다.

2장 후반에서는 이 모든 도구를 활용해 **머릿속 공간 정리**를 실행하되 걱정거리를 하나씩 예로 들어 설명할 것이다. '아직 일어나지 않은 일'을 통해 연습해보면, 걱정 탈출 기술을 '이미 일어난 일'에 적용하기가 훨씬 쉬워진다(이 내용은 3장에서 다룬다).

이제 곧 당신은 '~하면 어떡하지?'라는 걱정을 '이제 뭘 해야 하지?'라는 질문으로 바꾸는 데 프로가 될 것이다. 그러면 내 도움 따위는 더 이상 필요 없을 거다.

내 인생의 불행 예보관 되기

허리케인은 사피어 심프슨 허리케인 등급(Saffir-Simpson Hurri-cane Wind Scale)에 따라 1~5등급으로 분류한다. 기상학자들은 허리케인이 이동하면서 발생시킬 수 있는 피해 수준을 예측하고 사람들에게 전달하기 위해 이 숫자를 이용한다. 1등급은 가장 약한 것, 5등급은 가장 강한 것이다. 물론 기상 예보관도 항상 정확히 예측하는 것은 아니다. 실제 피해의 규모를 좌우하는 예측 불가능한 변수가 많은 탓이다. 예컨대 해당 지역에 있는 주택의 지붕, 송전선, 나무, 차양, 부두 시설, 정원용 가구 등의 견고성이 그런 변수에 해당한다(그런 이유로 기상 예보관은 전 세계에서 가장 직업 안정성이 높은 직종이다. 그들이 항상 정확히 예측하는지 아닌지는 거의 중요하지 않다. 어차피 항상 정확히 예측할 수가 없고, 그들 자신도 그것에 대해 별로 미안함을 안 느끼는 것 같기 때문이다. 나는 기상 예보관이라는 직업이랑 전혀 안 맞을 것이다).

어쨌든, 1~5등급이라는 분류 자체는 논란의 여지가 없다. 이 분류는 최대 풍속을 기준으로 허리케인의 강도를 나타내며, 이는 전적으로 객관적인 측정에 따른다. 풍속계는 거짓말을 하지 않는다.

불행이라는 폭풍이 허리케인과 다른 점은, 특정한 사건이나 경험의 정확한 강도를 측정할 도구가 없다는 것이다. **그것의 강도, 즉 '심각성'은 전적으로 당사자가 그것을 '경험하는' 방식에 좌우된다.**

예를 들어 당신이 유명 뮤지컬 작품의 주인공 역을 맡는 게 평생 꿈이었다고 치자. 드디어 그 역할을 따내서 3주 동안 성공적으로 공연을 했는데 어느 날 갑자기 굴욕적으로 잘리고 연출자의 새로운 여자친구가 그 역할을 꿰찬다. 당신은 기가 막혀 말도 안 나올 만큼 충격을 받는다. 한편, 당신의 한 친구는 장의사로 고객에게 얼굴 화장을 해주는 일을 했는데 어느 날 해고되고는 무척 기뻐한다.

이 둘은 객관적으로는 '해고당함'이라는 같은 사건이지만 주관적으로는 전혀 다른 경험이다. 게다가 당신의 특정한 경험을 타인의 '다른' 경험과 비교하는 것도 불가능하다. 당신이 상심한 것이 내 치아가 부러진 것보다 더 심각한 일일까, 덜 심각한 일일까? 그건 누구도 말할 수 없다.

따라서 불행이라는 폭풍은 '심각성 정도'가 아니라 실제로 '일어날 가능성'에 따라 분류해야 한다. 발생 가능성이 가장 작은 것부터 가장 큰 것까지 1~5등급으로 매기는 것이다. 예컨대 당신이 친구들 사이에 인기가 많다면 '내 생일파티에 아무도 안 오면 어떡하지?'라는 걱정은 **'1등급: 발생 가능성 매우 작음'**에

속하고, 친구 두 명이 같은 주말에 파티를 열 경우 '내가 둘 중 하나만 골라야 하면 어떡하지?'는 **'5등급: 불가피함'**에 속한다. 만약 당신이 은둔형 인간이라면 1등급이 될 것이다.

지금부터는 발생 가능성이 우리의 척도다. 즉 **'발생 가능성 측정계'**는 다음과 같다.

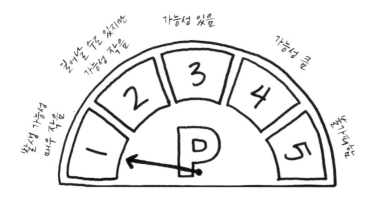

인접한 세 개 주를 담당하는 기상 예보관 한 명이 3만 4,000제곱킬로미터에 이르는 지역을 지나가는 3등급 허리케인의 피해 규모를 예측해야 하고, 따라서 당신 집이 입을 피해를 정확히 예측할지 아닐지 알 수 없는 경우와 달리 우리는 '전적으로' 당신의 집에만 집중하는 예보관 한 명을 가정할 것이다. 물론 당신의 집은 곧 당신의 인생을 뜻하고, 당신이 바로 그 예보관이다. 보다 정확히 말하자면, 당신은 기상 예보관이 아니라 **'여부 예보**

관'이다. 불행 폭풍이 당신에게 착륙할 가능성 '여부'를 예측하는 인물이기 때문이다.

다섯 단계의 불행 폭풍 등급

내가 만든 불행 폭풍 등급의 5단계는 다음과 같다.

- 1등급: 발생 가능성 매우 작음
- 2등급: 일어날 수도 있지만 가능성 작음
- 3등급: 가능성 있음
- 4등급: 가능성 큼
- 5등급: 불가피함

다시 말하지만 이 등급은 폭풍의 '강도'나 '심각성'과는 아무 관련이 없고 오로지 **발생 가능성**만을 말해준다. 당신의 인생 창문을 판자로 막고 문들을 널빤지로 고정해야 할 때, **발생 가능성 측정계가 멘붕 자원의 예산을 효율적으로 짜는 데 도움이 될 것이다.** 일어날 가능성이 작은 일에는 자원을 적게 쓰고, 가능성이 큰 일에는 많이 쓰도록 말이다. 그리고 때로는 자원을 전혀 쓰지 않아도 된다. 자원을 아껴뒀다가 뒷정리에만 쓸 수도 있다(이건 나중에 다시 설명하겠다).

이 등급 시스템에 익숙해지도록 실제 예시를 잠깐 살펴보자.

당신은 스키를 즐기는가? 난 아니다. 따라서 내가 스키를 타다가 다리가 부러지는 일은 '1등급: 발생 가능성 매우 작음'에 해당한다. 하지만 만일 내가 스키를 탔다면 '4등급: 가능성 큼'일 것이다. 난 내 한계를 잘 안다. 그렇다면 올림픽 금메달리스트인 알베르토 톰바(Alberto Tomba)를 생각해보자. 그가 스키를 타다가 다리가 부러질 가능성은 매우 작다(1등급)고 말할 수 있다. 왜냐하면 스키 황제니까. 아니면 '4등급: 가능성 큼'일 수도 있다. 허구한 날 폭발적인 스피드로 스키를 타기 때문이다. 스키를 타다가 다리가 부러질 가능성이 얼마라고 생각하는지, 그리고 거기에 대비해 얼마나 많은 멘붕 자원의 예산을 짤지 결정하는 것은 알베르토 본인에게 맡길 일이다.

이번에는 지진을 생각해보자. 이게 좀더 흥미롭다. 미국 미네소타주(위키피디아에 따르면 '지질 구조상 그리 활동적이지 않은 지역')에 사는 사람들은 큰 지진을 겪을 가능성이 매우 작다(1등급). 반면 북아메리카 서부의 캐스캐디아 섭입대 인근 지역에 사는 주민들은 날마다 5등급의 가능성과 함께 살아간다. 그렇지만 이 점은 분명히 짚고 넘어가자. 5등급에 해당하는 사건이 반드시 지진 같은 엄청난 재앙이어야 하는 것은 아니라는 것이다. **즉, 그**

렇게 꼭 심각하고 강도 높은 사건인 것은 아니다. 단지 '불가피하게' 일어나는 일이면 5등급에 속한다.

그런 일의 예는 많다. 아기 키우는 부모라면 아기가 엄마 옷에 토하는 일을 거의 반드시 겪기 마련이고, 비행기를 자주 타는 사람은 환승 항공편이 지연되어 낯선 공항에서 발이 묶이는 일을 겪곤 한다. 그리고 죽음도 당연히 5등급에 속한다. 삶의 마지막은 누구에게나 찾아온다. 우리가 키우는 고양이나 강아지, 햄스터, 창가의 허브에게도.

불행 폭풍의 등급을 낮출 수 있을까?

'~하면 어떡하지?' 류에 속하는 모든 사건은 강력한 허리케인이 될 준비를 하고 있는 열대성 저기압과 같다. 말하자면 '근심성 저기압'이랄까. 그중 어떤 것은 실제로 심각한 불행 폭풍으로 변하고, 어떤 것은 그렇지 않다. 그런데 열대성 저기압과 달리, 당신은 근심성 저기압의 이동 방향을 통제할 수 있다. 특히 1등급에 해당하는 경우에는 말이다. 그 일은 일어날 가능성이 거의 없기 때문이다. 예컨대 내가 앞으로도 계속 스키를 타지 않는다면 나는 스키를 타다가 다리가 부러질 일이 '절대로' 없을 것이다. 따라서 나는 골절이라는 사건이 나를 향해 오지 못

하도록 완벽하게 방지할 수 있다!

이건 일종의 맛보기 사은품이다. 가장 근사한 비법을 벌써 다 알려줄 수는 없으니까. 이번 장 후반에서 불행 폭풍을 저 멀리 바다로 보내버릴 수 있는 효과 확실한 방법을 알려주겠다. 약속한다.

나쁜 일이 실제로 발생할 가능성을 곰곰이 생각해보는 것은 꽤 유용하다. 당신만의 발생 가능성 측정계를 활용하면 '~하면 어쩌지?' 하는 걱정에 집착하는 대신 현실 상황에 집중할 수 있다. 특별할인 다이어트 약 광고의 '복용 후 사진'만큼이나 비현실적일 때가 많은 당신의 걱정들 말이다. 그 여자가 인공 선탠을 하고, 최대한 힘을 줘서 배를 쏙 집어넣고, 가슴이 커 보이는 브래지어를 착용하고 사진을 찍었다는 것은 누구나 안다. 그런 가짜 사진에 제발 더는 속아 넘어가지 말기를.

내가 나쁜 일이 곧 일어날 가능성에 대한 얘기를 주야장천 해서 당신의 멘붕 스위치를 건드렸다면 미안하다. 하지만 결국은 당신한테도 이롭다. **발생 가능성에 근거해 나쁜 일을 생각해보기 시작하면, 당신의 걱정거리 중 대부분은 쓸데없는 것이라는 사실을 깨달을 것이기 때문이다.**

이제 곧 당신은 머릿속 레이더에 걱정거리가 포착되면 이렇게 말하게 될 거다.

"1등급이네. 전혀 걱정하지 않아도 돼."

"2등급이네. 아직은 멘붕 자원을 쓸 필요가 없군."

이성적 사고법은 마음을 진정시키는 효과가 크다.

이 책의 공식 동물: 고양이

이성적 사고 얘기가 나와서 말인데, 나는 당신에게 냉철하고 이성적인 고양이가 되라고 조언하고 싶다. 생각해봐라. 강아지는 가려운 등을 망가진 플라스틱 원반에 비벼 긁으려고 애쓰느라 마당에서 마구 뒹군다. 반면 고양이는 제 발로 등을 긁을 수 있을 뿐 아니라 보통 정신없이 뛰어다니지도 않는다. 강아지는 개구쟁이다. 1분간 공을 신나게 쫓아다니다가 물을 발견하면 이번엔 거기 정신이 팔려 물속에서 첨벙댄다. 고양이는 사냥꾼이다. 엄청난 집중력으로 목표물에 조용히 접근한 후 고양이다운 반사 신경을 작동해 순식간에 덮친다. 고양이는 이 책의 공식적인 상징 동물이다.

당신의 레이더에 걱정거리가 포착됐다

어쩌면 이미 눈치챘겠지만 나는 목록 만들기를 진짜 좋아한다. 1장에서 '나의 타란툴라'를 정리했던 것, 기억하는가? 지금부터 시도 때도 없이 불안 레이더를 건드리는 나의 걱정거리 목록을 정리해볼 것이다. 나를 자다가 벌떡 일어나게 하거나, 오후의 칵테일 타임을 온전히 즐기지 못하게 방해하는 생각들 말이다. 그래야 어떤 걱정이 신경 쓸 가치가 있는지, 또 어떤 걱정을 버리고 나머지 문제들에 집중해야 할지 판단할 수 있다. 목록 만들기는 내게 살아갈 힘을 준다!

일단은 **아직 일어나지 않은 일**부터 시작한다. 가상의 상황을 떠올리며 연습하는 게 더 쉽기 때문이다. 하지만 걱정 마시라. **이미 일어난 일**도 당연히 다룰 테니까.

걱정할 필요가 있을 수도, 없을 수도 있는 일 열 가지

- 열쇠가 현관문 열쇠 구멍에 박혀 빠지지 않는다.
- 야자나무가 우리 집 지붕 위로 쓰러진다.
- 타란툴라가 집 안에 또 나타난다.
- 공항 가는 길에 굽이진 산길에서 자동차 사고가 난다.

- 해변에 놀러 가려고 계획한 날 비가 온다.
- 내 고양이들이 무지개다리를 건넌다.
- 평소 먹던 것과 다른 피자를 주문했는데 맛이 완전 꽝이다.
- 내 담당 편집자가 이 장의 내용을 마음에 안 들어 한다.
- 강연을 하러 가서 완전히 망친다.
- 뭔가 더러운 것을 깔고 앉아서 내가 아끼는 반바지가 엉망이 된다.

당신도 이런 식으로 목록을 만들어라. 내가 한 것처럼 **아직 일어나지 않은 일들**이어야 한다. 만일 항상 걱정에 시달리는 타입이라면, 그러니까 맑고 파란 하늘을 쳐다보면서 당신이 누운 해먹 위로 비행기가 추락하는 상황을 상상하는 타입이라면 목록을 만들기가 무척 쉬울 것이다.

만일 특정 상황에서만 걱정에 휩싸이는 타입이라면, 그러니까 나쁜 일이 일어났을 때만 걱정하는 타입이라면 난 정말로 당신이 부러울 따름이다. 하지만 그래도 목록을 만들어보길 권한다. 당신이 미용실에 갈 때마다 미용사가 머리를 너무 짧게 깎아놓을까 봐 노심초사하는 성격인지 아닌지는 별로 중요하지 않기 때문이다. 미용사가 실수로 당신 머리를 비대칭으로 만들어버리는 일은 언제고 일어날 수 있다. 그럴 때 당신은 마음을 진정하고 거기에 대처해야 한다. 우리는 누구나 마찬가지다. 상상력을 동원해 다음 빈칸을 채워봐라.

내가 걱정할 필요가 있을 수도, 없을 수도 있는 일 열 가지

_____	_____
_____	_____
_____	_____
_____	_____

그다음엔, 발생 가능성 측정계를 이용해 **각 항목을 발생 가능성에 따라 분류**한다. 이성적으로, 그리고 가능한 모든 정보를 동원해 각각의 일에 대해 생각해봐라. 그래야 멘붕 자원의 사용 계획을 효과적으로 세울 수 있다.

내 머릿속에서 꼬리에 꼬리를 무는 생각을 당신이 따라올 수 있도록 내 걱정 목록과 등급에 주석을 달아놓겠다.

상상이 현실이 될 가능성은?

열쇠가 현관문 열쇠 구멍에 박혀 빠지지 않는다
2등급: 일어날 수도 있지만 가능성 작음

뭘 그런 걸 걱정하나 싶겠지만, 내가 이 상황을 걱정하는 것은 이미 한 번 겪었기 때문이다. 당시 남편이 사다리를 타고 올라가 2층 창문으로 집에 들어가야 했다. 그때 우리는 창문이 외부 침입으로부터 얼마나 취약한지 깨닫고 창문에도 잠금장치를 설치했다. 따라서 만일 열쇠가 현관문 구멍에 박혀버리는 일이 또 발생한다면, 꼼짝없이 나는 모기가 득실대는 바깥에 서서 자물쇠 수리공을 기다려야 할 테고, 그건 이 동네에선 꽤 위험한 일이다. 우리는 그때 열쇠가 박힌 이유를 알아내지 못했으므로 그 일은 또 일어날 가능성이 있다고 가정해야 한다. 하지만 천 번 제대로 작동하다가 한 번 구멍에 박히는 정도의 비율이므로, 발생 가능성은 작다고 말할 수 있다('아직 일어나지 않은 일'을 따져보자고 해놓고선 일어난 일을 적었으니 엄밀히 말하면 규칙을 어긴 셈이지만, 아무렴 어떤가? 이건 내 책인데).

야자나무가 우리 집 지붕 위로 쓰러진다

2등급: 일어날 수도 있지만 가능성 작음

쓰러지면 우리 집을 덮칠 정도의 거리에 있는 야자나무는 딱 두 그루다. 그리고 지난여름에는 '진짜' 5등급짜리 허리케인이 두 개나 우리 동네를 지나갔다. 뭐, 지금까지는 큰 피해 없이 지내고 있다. 역시나 기후변화가 문제다. 아무튼 그러므로 야자나무 정도는 2등급을 주겠다.

타란툴라가 집 안에 또 나타난다

1등급: 발생 가능성 매우 작음

나는 이 집에 몇 년간 사는 동안 타란툴라를 앞서 얘기한 그때 딱 한 번 봤다. 타란툴라 출현에 대한 걱정은 기분상으로는 5등급이지만 이성적으로 따지면 1등급이다. 감정 강아지는 이동장 안으로 들어갈 것. 그리고 이성 고양이가 세심하게 망을 볼 것.

공항 가는 길에 굽이진 산길에서 자동차 사고가 난다

2등급: 일어날 수도 있지만 가능성 작음

이 문제는 좀 더 곰곰이 생각해야 했다. 당신도 그렇겠지만, 만일 실제로 일어나면 정말로 끔찍하기 짝이 없는 일인 경우엔 생각이 깊어질 수밖에 없다. 내 본능적인 느낌으로는 4등급(가능성 큼)

을 매기고 싶었다. 사실 여기서 택시를 탈 때마다 내 목숨이 걱정되기 때문이다. 하지만 나는 원래가 겁이 많은 승객이다. 즉 제3세계 국가의 비포장도로에서도, 깔끔하게 정비된 선진국의 왕복 10차선 도로에서도 똑같이 겁을 먹는다. 그리고 사실 잘 생각해보면, 어떤 일에 대한 우리의 걱정 강도는 그 일이 실제로 일어날 가능성을 예측해주지 못한다. 그래도 이 일이 '가능성 매우 작음'이라고는 못 하겠다(실제로 나는 공항 가는 도중에 교통사고를 몇 번 목격했다). 다만 '일어날 수도 있지만 가능성 작음'이라고 하는 편이 정확하기도 하고 내 스트레스를 다스리는 데에도 도움이 될 것 같다.

해변에 놀러 가려고 계획한 날 비가 온다

4등급: 가능성 큼

어떤 극적 효과를 내려고 없는 얘기를 꾸미는 게 아니다. 이 글을 쓰는 지금도 햇빛이 쨍한 하늘에서 비가 내리고 있다. 이곳 열대기후의 소나기는 도통 종잡을 수가 없다. 대체 이놈의 비는 어디서 오는 걸까?

내 고양이들이 무지개다리를 건넌다

5등급: 불가피함

고양이는 매력적이고 영리한 동물이지만 불멸의 존재는 아니다 (우리 집 고양이 글래디스와 스투시가, 또는 두 녀석 중 하나라도 나보다 오래 살 확률이 조금은 있다고 생각하지만, 그런 일은 '1등급: 발생 가능성 매우 작음'에 해당한다).

평소 먹던 것과 다른 피자를 주문했는데 맛이 완전 꽝이다

1등급: 발생 가능성 매우 작음

나는 습관의 동물일 뿐만 아니라, 어떤 토핑들이 서로 어울리는지 예측하는 능력이 대단히 뛰어나다. 당신도 나랑 알고 지내면 후회 안 할 거다.

내 담당 편집자가 이 장의 내용을 마음에 안 들어 한다

1등급: 발생 가능성 매우 작음

굽이진 산길의 교통사고와 마찬가지로, 이 항목의 경우에도 내 안의 본능적 불안감이 반사적으로 더 높은 등급을 매기라고 재촉한다. 하지만 사실 담당 편집자 마이크가 이 장의 내용을 싫어하는 일은 불가피하지도 않고 가능성이 크지도 않다. 그렇지만 가능한 모든 정보를 동원해 예측해보기로 했으므로 그가 어떤 타입인지를 생각해볼까? 다행스럽게도, 그는 가슴속에 미움이 아니라 사랑이 넘치는 사람이다.

강연을 하러 가서 완전히 망친다

2등급: 일어날 수도 있지만 가능성 작음

불안이라는 감정을 일단 젖혀놓고 사실적 데이터에만 초점을 맞추자면, 나는 지금껏 강연을 꽤 많이 했지만 한 번도 망친 적이 없다. 하지만 공연히 자신만만하게 말했다가 부정 타면 나만 손해니까 '2등급'으로 매기겠다.

뭔가 더러운 것을 깔고 앉아서 내가 아끼는 반바지가 엉망이 된다

3등급: 가능성 있음

내가 새로 둥지를 튼 이 동네에서는 어느 시점엔가는 거의 반드시 더러운 뭔가를 깔고 앉게 된다. 흙, 모래, 찌부러진 벌레, 동물의 똥, 흘린 엔진오일, 오래된 시가 등. 집 안에서든 밖에서든 꼭 더러운 뭔가가 따라붙는다. 관광객들은 쓰레기를 버린다. 술 취한 사람들과 어린아이들은 꼭 뭔가 액체 종류를 흘린다. 아, 섬의 삶이란! 처음엔 어딘가에 갈 때 내가 아끼는 반바지를 입지 않는다면 이 사건을 1등급으로 분류해도 괜찮겠다고 생각했다. 그러다가 손바닥으로 이마를 탁 쳤다. 아 맞다, 여긴 '어딜 가나'

더러운 게 나를 기다리고 있지! 그나마 다행인 건, 우리 집에는 세탁기가 있고 내가 그 사용법을 잘 안다는 것이다. 어쨌든 결론은 3등급이다.

지금까지 보았듯, 내가 걱정하는 일 열 개 중에 세 개가 '1등급: 가능성 매우 작음'이다. 즉 30퍼센트를 머릿속에서 지워도 된다. 네 개는 '2등급: 일어날 수도 있지만 가능성 작음'이다. 벌써 절반 이상이 사라졌고, 나는 벌써 마음이 진정되기 시작했다.

이제 걱정 목록 작성법을 충분히 이해했는가? 다음 빈칸에 내가 한 것처럼 당신 머릿속 생각을 적어봐라. 때로는 자기 자신을 '자기 자신에게' 설명해야 그 두 자아가 자기 모습을 제대로 이해할 수 있는 법이다.

**내가 걱정할 필요가 있을 수도, 없을 수도 있는 일 열 가지와
발생 가능성에 따른 등급**

_____   _____

등급 : _____   등급 : _____

_____   _____

등급 : _____   등급 : _____

_____   _____

등급 : ＿＿＿＿＿＿　　　　　　　　　등급 : ＿＿＿＿＿＿

＿＿＿＿＿＿＿＿＿＿　　　　　　　＿＿＿＿＿＿＿＿＿＿

등급 : ＿＿＿＿＿＿　　　　　　　　　등급 : ＿＿＿＿＿＿

＿＿＿＿＿＿＿＿＿＿　　　　　　　＿＿＿＿＿＿＿＿＿＿

등급 : ＿＿＿＿＿＿　　　　　　　　　등급 : ＿＿＿＿＿＿

나는 지금 당신 등 뒤에서 지켜보지도 않고 당신을 개인적으로 알지도 못하지만, 아마 내가 그랬듯 당신이 적은 항목들 중 상당수도 1등급과 2등급일 것이다. 이것들은 걱정을 즉각 중단할 수 있고, 또 그래야 하는 항목이다. 이번 장 후반에서 그 구체적인 방법을 알려주겠다(힌트: '모든 걱정을 지배하는 절대 질문'이 등장함).

설령 3, 4, 5등급이 좀더 많다고 해도 걱정 마시라. 이제 곧 비생산적인 걱정을 '버리고' 생산적인 반응을 '정리'함으로써 불행 폭풍을 헤쳐나갈 완전히 새로운 전략을 배울 테니까. 진짜다. 머릿속 공간 정리는 정말 끝내주는 기술이다.

불행 폭풍은 언제쯤 상륙할 예정인가?

걱정하는 일이 일어날 가능성을 이성적으로 따져봤으니, 다음으로 생각해볼 질문은 '**그 일이 얼마나 빨리 일어날까?**'다. 시간적 거리에 따라 다음 세 단계로 구분할 수 있다.

먼 일

아직 일어나지 않았을 뿐 아니라 실제로 일어날지도 정확히 알 수 없는 일이다. 이론적으로는 이런 종류의 걱정을 중단하기가 가장 쉽다. 발생 가능성도 작고 시간상으로도 멀리 떨어져 있으니까. 이런 일은 당신에게 가하는 압력도 낮고 우선순위도 낮다. 아이러니한 일이다. 낮은 압력, 즉 저기압은 폭풍을 형성시키는 타당한 조건이기 때문이다. 하지만 이 비유와 그것을 사용하는 안티구루가 완벽하지는 못하다는 점을 이해해주기 바란다.

임박한 일

역시 아직 일어나지 않았지만 관련 정황이 보다 구체화되어 있는 일로, 당신은 그 일이 일어날지, 일어난다면 언제일지 알 가능성이 크다. 아직은 그 일을 막을 수도 있다. 하지만 그렇지 않다고 해도 최소한 결과에 대비하고 여파를 완화할 수는 있다.

벌어진 일

이미 당신에게 일어난 일이다. 당신은 그 일이 임박했을 때 이미 일어날 것을 확신했을 수도 있고, 그 일이 느닷없이 일어났을 수도 있다. 전 세계 인구 절반 이상을 구독자로 둔 열두 살짜리 유튜버의 등장처럼 말이다. 이미 일이 터졌다면 그 영향이 미미한지 심각한지(당신에게든 다른 사람에게든)는 별로 중요하지 않다. 이미 벌어졌으므로, 당신은 그 일에 대처해야 한다.

1등급이든 5등급이든 **어떤 사건이 아직 일어나지 않은 상태라면, 임박했거나 이미 벌어진 경우보다 덜 조급하게 걱정해도 된다.**

먼 일의 예

- 내년에 선거에서 패배할지도 모른다.
- 내가 바라는 만큼 빨리 승진하지 못할지도 모른다.
- 마라톤을 앞두고 훈련하다가 다칠지도 모른다.
- 동창회에 나가기 전까지 살을 빼는 데 실패할지도 모른다.
- 부모님의 전철을 밟아 언젠가 백내장 수술을 받아야 할지도 모른다.
- 다른 발명가한테 선수를 빼앗겨 특허 취득을 못 할지도 모른다.

임박한 일의 예

- 내일 선거에서 패배할지도 모른다.
- 오후 5시인 마감 시간을 못 맞출지도 모른다.
- 월요일에 역사 시험에서 낙제할지도 모른다.
- 회의 시간에 했던 부적절한 농담 때문에 난처한 상황에 빠질지도 모른다.
- 대출 자격 심사에서 떨어질지도 모른다.
- 내일 빠듯한 환승 항공편을 놓칠지도 모른다.

벌어진 일의 예

- 웨딩드레스에 누군가 레드와인을 쏟았다.
- 다른 누군가의 웨딩드레스에 레드와인을 쏟았다.
- 무서운 병에 걸렸다는 진단을 받았다.
- 회사에서 해고됐다.
- 자동차가 견인됐다.
- 내기에 져서 큰돈을 잃었다.
- 아이의 다리가 부러졌다.

문제가 많을수록 곤란해지는 건 당연지사

그런데 만일 이런 상황이라면 어떨까? 나쁜 일 '여러 개'가 일어날 것이 예상되고, 당신이 시간이나 에너지, 돈을 또는 셋 모두를 그 문제들을 걱정하고 해결하는 데 써야 한다고 합리적으로 확신하는 상황이라면?

'돈이 많으면 문제도 많아진다'라는 말은 있어도, '문제가 많으면 돈도 많아진다'라는 말은 없다. 당신에게 믿기지 않을 만큼 많은 불행이 닥친다고 해서 믿기지 않을 만큼 많은 멘붕 자원이 생기는 것은 아니다. **긴급도, 즉 시간적 거리를 기준으로 삼아 멘붕 자원 사용의 우선순위를 결정해라.**

여기서 잠깐 퀴즈를 내겠다.

퀴즈

1. 당신이 직장에서 사고를 쳤다. 그런데 당신의 상사는 2주 일정으로 휴가를 갔기 때문에 그 사실을 아직 모른다.

　　등급: ＿＿

　　상태: ＿＿＿＿＿＿＿＿＿＿＿＿＿＿＿＿＿＿＿＿＿＿

2. 당신의 아내가 임신 9개월 6일째다.

　　등급: ＿＿

　　상태: ＿＿＿＿＿＿＿＿＿＿＿＿＿＿＿＿＿＿＿＿＿＿

3. 이 문제는 두 개 항목으로 나뉜다.

a 당신의 자동차는 비교적 신형이고 신뢰도 높은 모델이다. 만일 고장이 나면 어떡하지?

등급: ___

상태: _____

b. 그 자동차가 방금 고장 났다.

등급: ___

상태: _____

답

1. 4등급(가능성 큼) / 먼 일

[또는 이것도 가능하다: 3등급(가능성 있음) / 먼 일]

상사는 휴가에서 돌아오면 분명히 당신에게 불같이 화를 낼 것이다. 하지만 적어도 2주는 있어야 하므로 '임박한 일'은 아니다. 그리고 2주 뒤에 다른 일들이 일어날 가능성도 있다. 예컨대 당신에게 고함을 지르거나 당신을 해고하는 것보다 더 중요한 일이, 더 급하게 꺼야 할 불이 상사에게 생길 수도 있다. 그렇다고 타조 모드로 들어가 문제를 회피하라는 얘기가 아니다. 화가 난 상사에게 대처해야 할 때는, 상사가 실제로 당신에게 화가 났다는 사실을 당신이 알게 되는 때라는 점을 말해두고 싶을 뿐이다. 어쩌면 상사는 너무나 행복한 휴가를 보내서 당분간 웬만한 일은 다 봐주고 싶은 마음일지도 모른다.

일단은 멘붕 자원을 아껴둬라. 무엇보다 당신이 이미 사고를 쳤다는 사실 자체를 바꿀 방법이 없고, 나중에 상사에게 용서해달라고 빌거나 이력서를 새로 쓰는 데 시간과 에너지를 써야 할지도 모르기 때문이다.

2. 5등급(불가피함) / 임박한 일

배 속의 아기는 곧 세상에 나올 것이고 당신도 그 사실을 알고 있다. 정확히 언제, 어떻게 태어날지는 당신이 통제할 수 없지만, 그 중요한 사건을 실수 없이 순조롭게 맞이하기 위해 약간의 준비를 할 수는 있다.

멘붕 자원을 분별력 있고 신중하게 꺼내 써라. 아내가 병원에 있는 동안 사용할 소지품 가방을 싸고, 냉동실을 즉석 조리식품으로 채우고, 미리 충분히 잠을 자두는 데 시간과 에너지, 돈을 사용해라. 일단 아기가 태어나면 달콤하고 느긋한 수면은 딴 나라 얘기가 되니까.

3a. 1등급(발생 가능성 매우 작음) / 먼 일

3b. 1등급(발생 가능성 매우 작음) / 벌어진 일

a항목의 정보에 비춰 볼 때 이건 일어날 가능성이 매우 작은 일이다. 그러나 알다시피, 살다 보면 엿 같은 일이 일어난다. 확률이 아주아주 희박할 때도 말이다. 그것이 '먼 일'이 아니라 '벌어진 일'이 되는 순간, 당신은 레이더에 포착된 나머지 두 가지 일보다 더 우선하여 거기에 대처해야 한다. 긴급한 정도에 따라 우선순위 결정하기, 이것이 핵심이다.

당신은 아직 다행히 잘리지 않은 직장에 마지막 2주 동안 출근을 하려면, 그리고 조만간 아내를 병원에 데려가려면 자동차가 꼭 있어야 한다.

당장 멘붕 자원을 사용해라. 정비공에게 연락해 당신의 차를 차고까지 견인하도록 조치를 취한 후, 당분간 사용할 렌터카를 빌려라.

어, 잠깐, 뭐라고? 방금 막 아내의 양수가 터졌다고? 이런, '벌어진 일'이 또 하나 추가됐다! 이 경우 아내가 1순위라는 것은 바보라도 판단할 수 있다. 아내의 안전이 무조건 최우선이다. 자동차 문제는 나중에 짬이 나면 그때 처리하면 된다.

우선순위를 수정해야 할 때다. 정비공이 아니라 당장 콜택시를 불러라. 청소 서비스 업체에도 연락하고.

하나만 골라라, 안 그러면 망한다

하나 이상의 일이 동시에 터졌는데 전부 다 빨리 처리해야 하는 문제인가? 그래도 '당장은' 하나만 골라 집중해라. 왔다 갔다 하면서 번갈아 처리하는 것은 괜찮다. 그러나 두 가지 일을 '동시에' 처리하려고 들다가는 멘붕 자원을 정신없는 속도로 써버리게 될 뿐만 아니라 미치기 일보 직전까지 갈 것이다. 지금 내 눈에 빤히 보인다. 당신이 아내 옷을 갈아입히려고 버둥대면서 정비공에게 차량의 상태를 설명하느라 쩔쩔매는 모습이. 미치지 않고 제정신을 유지하고 싶다면 하나만 골라서 집중해라.

추가 퀴즈: 당신은 산악 지역에서 하이킹을 하다가 길을 잃었다(이미 벌어진 일이다). 게다가 조금 후 커다란 돌에 걸려 발가락이 부러졌다(이것도 벌어진 일이다). 그때 머리 위에서 구조 헬기가 빙빙 돌며 비행하는 게 보인다. 당신은 시간과 에너지를 들여 부러진 발가락의 응급 처치부터 할 것인가, 아니면 가장 가까운 응급실로 실려 갈 수 있기를 바라면서 하늘을 향해 하나뿐인 조난 신호용 조명탄을 흔들며 폴짝폴짝 뛸 것인가?

답: 내가 분명히 '우선순위'를 정하라고 말했다. 일단 폴짝폴짝 뛰어라! 헬기를 향해 신호를 보내라! 헬기에 무사히 타거든, 그때부터는 발가락이 아파 죽을 지경이라며 병원에 데려다 달라고 애원해라.

자, 다시 요약하자면 이렇다. 멀거나 임박했거나 이미 벌어진 일에 대해 어떻게 대비 또는 대처해야 할까?

- 당신 인생의 기상 예보관이 돼라. 그리고 모든 가능한 정보를 동원해 결과를 예측해라.
- '나한테 이 일이 일어날 가능성이 얼마나 될까?'와 '얼마나 빨리 일어날까?'를 생각해봐라.
- 멘붕 자원을 쓰기 전에 모든 걱정을 지배하는 절대 질문을 던져봐라. '내가 이것을 통제할 수 있는가?'

통제할 수 있는가, 아닌가?

지금부터 '내가 이것을 통제할 수 있는가?'라는 질문을 연습할 것이다. 하지만 그전에 먼저 당신이 발휘할 수 있는 통제력의 종류부터 살펴보자. 다음처럼 상황에 따라 차등적으로 구분되는데, 각각의 미묘한 차이를 이해하기는 별로 어렵지 않을 것이다.

- **통제 불가능:** 당신이 전혀 통제할 수 없는 것들이 있다. 예를 들어 날씨, 타인의 행동, 하루를 구성하는 시간 등이다. 바람을 피울까 봐 지나치게 걱정하는 당신한테 넌더리가 나서, 애인이 먼저 차고 싶지만 당신한테 몇 번의 기회를 줄 것인가도 여기에 속한다.

- **약간의 영향력 발휘 가능:** 근본적인 문제는 통제할 수 없지만 그것이 가져올 결과나 영향을 최소화하기 위해 당신이 뭔가 할 수 있는 경우다. 예컨대 날씨의 경우 비 오는 것 자체를 막을 수는 없지만, 우산을 들고 나간다면 비 때문에 볼 피해를 줄일 수 있다. 하루가 스물네 시간이라는 사실은 바꿀 수 없지만, 인터넷으로 메이크업 노하우 동영상을 보는 데 너무 많은 시간을 보낼지 말지는 통제할 수 있다.

- **상당한 영향력 발휘 가능:** 완벽히 통제할 수는 없더라도 '상당한 영향력'을 발휘할 수 있는 경우다. 예컨대 알람을 맞춰놓아서 '늦잠을 자지 않는 것'이 여기에 해당한다. 어떤 이유인가로 알람이 울리지 않을 수도 있지 않을까? 일테면 전기로 가는 알람시계밖에 없는데 하필 정전이 된다든지, 쥐가 전선

을 갈아 먹는다든지 해서 말이다. 물론이다. 하지만 그건 1등급(가능성 매우 작음)에 해당한다.

- **완벽하게 통제 가능:** 언제나 100퍼센트 통제할 수 있는 것이 있다. 예를 들어 '당신의 입에서 나오는 말'이나 오늘 어떤 바지를 입을까 하는 것 등이다.

이미 말했고 앞으로도 귀에 못이 박이게 말하겠지만, **걱정은 당신의 소중한 시간, 에너지, 돈을 잡아먹는다. 그리고 자신이 통제할 수 없는 것을 걱정하는 것이야말로 가장 멍청한 짓이다.** 경미한 불안도, 발생 가능성이 큰 사건에 대한 걱정도, 존재론적 고뇌도, 끔찍한 재앙에 대한 걱정도 마찬가지다. 친구, 가족, 직장 상사나 동료, 자동차, 통장 잔고, 애인, 타란툴라 중에서 무엇과 관련된 경우든, '당신'이 버릴 수 있는 걱정과 '당신'이 정리할 수 있는 행동 반응에 초점을 맞춰야 한다.

모든 걱정을 지배하는 절대 질문

절친 레이철한테 그녀의 새로 자른 앞머리에 대한 솔직한 생각을 말했다가 레이철이 영원히 나를 미워하게 되면 어떡하지?
내가 이것을 통제할 수 있는가? 물론이다. 완벽하게 가능하다.

입만 꾹 다물면 우정을 지킬 수 있다.

새 여자친구와의 잠자리에서 무심코 전 여친의 이름을 외치면 어떡하지?

내가 이것을 통제할 수 있는가? 당연히 가능하다. 이번에도 입만 꾹 다물면 된다.

노동조합 쟁의가 일어난다는 소문이 현실화돼서, 내가 그토록 기다려온 다음 주 수요일의 몬스터 트럭 경주대회가 취소되면 어떡하지?

내가 이것을 통제할 수 있는가? 당신이 노동조합 회장이 아닌 한 절대 통제할 수 없다. 다시 말해, 이것은 당장 '버려야' 마땅한 걱정거리다("좋아. 그런데 걱정거리를 '어떻게' 버려야 하지?" 하는 문제는 조금 뒤에서 다룰 것이다. 인내심을 갖고 조금만 기다려라. 몬스터 트럭 대회를 기다리는 것보단 쉬울 테니까).

내가 행인에게 길을 잘못 알려줘서 그 사람한테 나쁜 일이 생기면 어쩌지?

내가 이것을 통제할 수 있는가? 그렇다. 다음에 길을 묻는 커플을 만나거든, 당신이 끔찍한 길치라고 고백하고 차라리 길가의 소화전한테 물어보는 게 나을 거라고 말하면 된다. 이런 걱정은 촛불을 끄듯 훅 불어 꺼버려라. 세상 쉽다.

때로는 큰 걱정을 여러 구성요소로 나눠야 할 수도 있다. 즉 통제할 수 있는 부분과 그렇지 않은 부분으로 말이다.

친구의 스탠드업 코미디 공연을 보는 도중에 너무 세게 웃다가 바지에 살짝 실례를 하면 어떡하지?
내가 이것을 통제할 수 있는가? 일단 참 다행이다. 스탠드업 코미디언 친구가 그렇게 웃기다니. 만일 당신이 웃다가 자주 실례를 하는 편이라면 방광을 통제하는 건 어려울 수도 있다. 그러나 전반적인 준비를 해서 약간의 영향력을 발휘할 수는 있다. 마트의 개인 위생용품 코너에 가면 그런 상황에 대비하도록 도와줄 다양한 제품이 있다.

이거, 해보니 꽤 재밌다. 사례를 몇 개 더 살펴보고 싶어진다. 이번에는 내 트위터 팔로워들의 머릿속에서 곧장 꺼내온 걱정들이다.

내 트위터 팔로워들의 걱정거리

나는 애인과 행복하게 잘 사귀고 있다. 하지만 너무 오래 기다리다

가 결혼도 못 하고 아이도 못 낳으면 어떡하지?

내가 이것을 통제할 수 있는가? 이건 당사자가 상당한 영향력을 발휘할 수 있는 문제다. 임신이 꼭 자유자재로 통제할 수 있는 문제는 아니지만, 이 경우 시도해보기 전에 '너무 오래 기다릴지 어떨지'는 당신이 통제할 수 있다. 당신은 난자의 노화와 가임기간 등에 대한 상식을 갖추고 있을 것이다. 그리고 필요하다면 애인한테도 설명해줄 수 있다. 하지만 그걸 꼭 설명해줘야 한다면…, 그가 중학교 생물 시간에 공부를 제대로 안 했다는 의미다.

만일 내 영혼을 좀먹는 이 직장에서 영영 탈출구를 찾지 못한다면?

내가 이것을 통제할 수 있는가? 물론이다. 찾기를 멈추는 순간 절대 찾을 수 없을 뿐이다.

어른답지 못한 어른이 되면 어떡하지?

내가 이것을 통제할 수 있는가? 물론이다. 어른은 세금을 내고, 자기 행동에 책임을 지고, 저녁밥을 스스로 만들어 먹고, 전립선 검사 예약 시간에 늦지 않는다. 이것들만 제대로 해도 당신은 충분히 어른이다. 만일 당신의 걱정이 좀더 실존적인 성격의 것이라면 취미를 하나 만들어보는 것도 좋다. 어른은 취미도 즐긴다.

이번 주말에 부모님 댁에 가지 않았는데 부모님께 뭔가 끔찍한 일이 생겨서 내가 부모님을 방문하지 않은 걸 평생 후회하게 되면 어쩌지?

내가 이것을 통제할 수 있는가? 그렇다. 이 걱정을 머릿속에서 떨쳐내고 싶다면 무조건 부모님을 방문하면 된다. 만일 속마음은 명절 주말의 교통지옥에서 몇 시간이나 갇혀 있고 싶지 않고, 동시에 그렇게 후회하는 일이 생길 것도 걱정하고 싶지 않다면 발생 가능성 측정계를 작동시켜라. 하고 많은 날 중에 하필 이번 주말에 부모님께 뭔가 끔찍한 일이 생길 가능성이 얼마나 될까? 아마도 1등급일 것이다. 이제 그다음은 당신이 알아서 판단하길.

우리 아들이 의사들이 말하는 발달 문제는 없지만 혹시 소시오패스면 어떡하지?

내가 이것을 통제할 수 있는가? 저런! 나도 이렇게 말하고 싶진 않지만, 아이가 소시오패스인지 아닌지는 당신이 통제할 수 없다. 심지어 그것이 유전적 요인과 관련된다면 당신이 상당한 영향력을 행사하는 것도 불가능하다. 그러나 아이를 도와줄 방법을 계속 찾음으로써 종합적인 원인의 일부를 완화할 수는 있다.

친구들이 전부 속으로 나를 싫어하는데 내가 모르는 건 아닐까?

내가 이것을 통제할 수 있는가? 이 시나리오의 발생 가능성을 잘 생각해보길 권한다. 가능한 모든 정보와 단서를 활용해라. 만일 평소 친구들이 당신을 다정하게 대하고, 당신 전화를 피하지 않고, 당신이 못 볼 거라고 생각하는 그룹 채팅방에서 당신 욕을 하지 않는다면, 당신을 싫어하지 않을 가능성이 크다. 또 만일 그들이 당신 전화를 피하거나 뒤에서 당신 욕을 한다면, 당신을 싫어한다는 사실을 별로 숨길 마음이 없다는 뜻일 것이다. 그러니 질문에서 '속으로'라는 표현은 불필요해 보인다.

내가 낳은 아기가 못생겼으면 어떡하지?

내가 이것을 통제할 수 있는가? 통제할 수 없다. 게다가 모든 신생아는 다 못생겼다. 당신은 시간이 꽤 많이 흐르기 전까지는 아기가 어떤 외모가 될지 정확히 알 수 없다. 아이가 사춘기가 됐을 때 "날 왜 이렇게 못생기게 낳았어!"라는 항의는 한 번쯤 받을 것이다.

민주주의가 실패해서 훗날 우리 아이들이 심각한 위험에 처하면 어떡하지?

내가 이것을 통제할 수 있는가? 통제할 수 없다. 하지만 제발 투표는 해라. 또는 당신이 직접 선거에 출마해라. 우리에게는 당신 같은 인물이 필요하다.

구조조정으로 예고 없이 정리해고를 당하면 어떡하지?
내가 이것을 통제할 수 있는가? 정리해고라고 했는가? 그러니까 당신의 잘못이나 무능력 때문에 해고당하는 것 말고, 별 이유 없이, 당신 표현대로라면 '예고 없이' 잘리는 것 말인가? 그건 통제할 수 없다(잘 생각해보길. 질문 안에 이미 답이 들어 있다). 그러나 당신 탓으로 예고 없이 잘리는 경우에 관해서라면 얘기가 다르다. 만일 상사가 당신을 자르려고 마음먹었다면 당신에게 여러 번 경고 신호를 보냈을 것이다. 다만 당신이 그 신호에 주의를 기울이지 않았을 뿐.

늙어가는 부모님의 건강이 심하게 나빠지기 시작하면 어떡하지?
내가 이것을 통제할 수 있는가? 절대 못 한다. 부모님께 건강검진을 받고, 약을 처방받아 먹고, 근육 유연성을 위해 수중 에어로빅 수업에 등록하라고 강력히 권유할 수는 있다. 하지만 다른 누군가의 건강이나 그와 관련된 결정을 당신이 통제할 수는 없다. 만일 부모님의 건강이 실제로 악화되면 그때 가서 걱정하면 된다.

마지막이지만 중요도에서는 결코 앞서의 것들에 뒤지지 않는 걱정거리를 하나 더 추가한다. 다분히 개인적인 이유로 특히 내 눈에 확 띄었던 문제다.

내 이가 빠지면 어떡하지?

내가 이것을 통제할 수 있는가? 당신은 건강한 치아를 유지하는 데 상당한 영향력을 발휘할 수 있다. 규칙적으로 양치질을 하고, 구강 청결제와 치실을 사용하고, 치과에 다니고, 잘 때 치아보호용 마우스피스를 끼고, 아이스하키를 되도록 하지 않고, 초콜릿을 적게 먹으면 된다. 하지만 이 트윗을 보고 나는 잠시 깊은 생각에 빠졌다. 내 작은 어금니들의 운명이 걱정돼서가 아니라, 몇 달에 한 번씩은 이가 몽땅 빠지는 꿈을 꾸기 때문이다. 해몽 책을 찾아보니, 이가 빠지거나 부서지는 꿈은 현실 삶에서 무력한 기분을 느낀다는 것을 의미한다고 했다. 다시 말해, 통제력 상실을 뜻한다는 것이다. 이제 내 걱정은 더 깊어진다. 자면서도 '내이가 빠지면 어떡하지?'라고 걱정할 판이다. 걱정할 일이 걱정된다!

통제 불가한 문제를 버리는 법

당신은 여기까지 읽고는 '지금까지의 내용이 하나도 놀랍지 않다는 사실'에 놀랄지도 모른다.

나는 그것을 또는 그 일부를 통제할 수 있는가? 당신 자신은 이미 그 답을 알고 있다.

예를 들어 갑자기 해고당하는 일을 통제할 수 없다는 사실에는 우리 모두 동의했다. 하지만 당신이 여전히 그걸 걱정한다고 해도 나는 그 마음 또한 충분히 이해한다. 20대 때 나는 회사에서 일 못한다는 소리를 들은 적이 없다. 사고를 쳐서 잘릴 위험도 없었다. 그럼에도 회사의 인력감축 결정이나 내가 어떻게 할 수 없는 회사 차원의 이유로 일자리를 잃을까 봐 늘 걱정이 됐다.

그런 걱정을 하는 내게 사람들은 말했다. 괜찮을 거라고, 어차피 내가 통제할 수 있는 문제가 아니므로 그런 걱정일랑 제발 잊어버리라고 말이다. 그러면 난 이렇게 생각했다. '나 참. 이 양반아, 말이야 쉽지.'

그런 마음을 내 트위터 팔로워 중 한 명이 좀더 정중하게 표현해놓았다. **"걱정이 쓸데없는 짓이라는 건 알겠어요. 그런데 '실제로 걱정을 떨쳐내려면' 어떻게 해야 하죠?"**

좋은 질문이다. 일단 문제를 '인정'한 후에는, 통제할 수 없는 것을 '받아들이는' 것이 그 문제에 대한 걱정을 버리는 첫 단계다. 그런데 내가 진행한 익명의 설문조사 참여자 60퍼센트 이상이 그걸 못 하고 있었다. 제발 그 60퍼센트 이상의 사람들이 이 책을 읽었으면 좋겠다. 걱정 버리기는 사실 그들이 생각하는 것보다 더 쉽기 때문이다.

제발 현실을 직시해라!

물론, '받아들이라'는 말은 자신이 통제할 수 없는 엿 같은 일이 벌어질 때 기뻐하라는 뜻이 아니다. 그런 일 앞에서 완전히 멘붕에 빠지는 것은 너무나도 당연하다(일단 단기적으로는). 그러나 애인한테 차였든, 누군가에게 사기를 당했든, 미치도록 짜증 나는 일이 터졌든, 일어난 일은 일어난 일이다. 불안해하거나 슬퍼하거나 화를 내거나 문제를 회피하면서 시간이나 에너지, 돈을 계속 소비하는 것은 당신의 소중한 자원을 낭비하는 짓이다. 제발 처음 듣는 소리라는 표정 짓지 마라. 지금까지 몇 번이나 얘기했다.

'받아들인다'라는 말은 **'당면한 현실 상황을 이해한다'**라는 뜻이다. 이게 뭐가 어려운가? 하늘이 파랗고 물이 액체이고 마카롱이 정체성 불분명한 실망스러운 디저트라는 사실을 당신이 받아들일 수 있다면, 통제할 수 없는 일을 받아들이는 것도 얼마든지 가능하다.

그리고 당신이 '모든 걱정을 지배하는 절대 질문'에 '아니요'라고 답한다면, 이미 현실을 받아들인 셈이다. 어떤 문제를 당신 힘으로는 어쩔 수 없다는 사실을 인정한 것이다. 간단하지 않은가.

현실적으로 생각하자

멘붕의 네 가지 얼굴이 본격화하기 전에 자주 나타나는 전조는 현실을 받아들이지 못하는 태도다. 때로 당신은 아직 일어나지도 않은 일을, 즉 말 그대로 '현실이 아닌' 일을 걱정한다. 이때 걱정하는 상황은 상상 속에만 존재한다. 그 일은 실제 현실이 되어야만 비로소 당신이 인정하고 대처할 수 있는 문제가 된다. 또 때로는 원하는 결과를, 예컨대 '현실적이지 않은' 결과를 만들어낼 수 없다는 이유로 멘붕 상태가 된다. 이에 대해서는 3장의 '현실적이고 이상적인 결과(RIO) 판단하기'에서 자세히 다룰 것이다. 일단 여기서는 이 점을 명심해라.

'상상 속에만 존재하는 일'에서 시선을 돌려 '현실에 존재하는 일'을 직시한 후 '그것을 받아들이는 것'이 걱정을 떨쳐내는 지름길이다.

이 문장을 몇 번이고 읽어 가슴에 새겨라. 그리고 다음에 나

오는 도식을 복사해서 지갑에 넣고 다니든지, 아니면 아예 가슴
팍에다 문신으로 새기든지 해서 매일 상기해라.

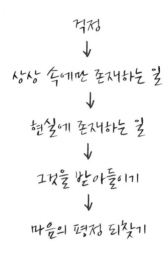

걱정
↓
상상 속에만 존재하는 걸
↓
현실에 존재하는 걸
↓
그것을 받아들이기
↓
마음의 평정 되찾기

이제 당신은 진정하고 평정을 되찾는 지점에 거의 다 왔다. 걱정
탈출 기술의 1단계를 완료하기 위해 남은 것은 당신의 비현실적
이고 비생산적인 걱정을 진짜로 '버리는' 일뿐이다.

이를 위해 선택할 수 있는 몇 가지 옵션이 있다.

옵션 1: 그냥 버리기

아직도 말처럼 쉽지는 않다고 생각하는가? 그래 좋다. 하지만 지금까지 내가 한 얘기를 모두 떠올린 후 그 방법과 관점을 당신이 가진 각각의 걱정거리에 무조건 적용해보길 바란다.

예컨대 내가 말한 대로 **걱정들을 분류해 등급을 매겨보면, 마음을 짓누르는 불안감을 즉시 그리고 상당히 줄일 수 있다.**

- 실제로 일어날 가능성이 매우 작은 일이라면 내가 뭣하러 걱정을 해야 하지?
- 그리고 시간상으로 멀리 떨어진 일이라면 '지금' 걱정할 필요가 없잖아?
- 이 일이 내가 통제할 수 있는 것일까? 아니잖아? 음. 그렇다면 소중한 시간과 에너지와 돈을 거기에 쓸 이유가 전혀 없어.

단순 명쾌하지 않은가? 내가 굳이 말하지 않더라도 당신도 이미 아는 얘기 아닌가?

그래, 잘 알 것이다. 당신 마음속 깊은 곳 어딘가에서는 이미 알고 있다. 단지 나는 당신이 그것을 새삼스럽게 깨닫도록 돕는 역할만 할 뿐이다. 내 도움을 받는 것을 부끄럽게 생각할 필요 없다. 사람이 스트레스에 시달릴 때는 상식적인 수준의 사고를 못 하기도 하는 법이다. 그래서 내가 노트북 앞에 앉아 구구절절 설명하고 있지 않은가.

그러니까, 당신과 나는 공생 관계인 셈이다.

나는 당신이 이 책을 집어 들기 전에 걱정에서 도저히 헤어나오지 못하고 살았다는 사실이 전혀 놀랍지 않지만, 지금도 수많은 걱정을 도저히 버리지 못한다면 깜짝 놀랄 것이다.

옵션 2: 마술 부리기

영화를 보다 보면 아들이 데려온 신붓감을 지독하게 싫어하다가 나중에는 더없이 좋아하게 되는 시어머니 얘기가 가끔 나온다. 하지만 당신과 걱정거리는 그런 관계가 아니다. 마음을 심각하게 괴롭히는 그 문제를 좋아하게 된다든지, 그것 때문에 즐거워질 가능성은 거의 없다.

그러나 걱정거리가 있더라도 '전혀 다른 무언가' 때문에 즐거워질 수는 있다. 그러면 원래 문제에 대한 걱정을 멈추게 된다. 나는 이 기법을 **'교묘한 마음 재주'**라고 부른다.

일테면 이런 것이다. 나는 원고 마감일 때문에 스트레스가 폭발할 지경일 때는 수영장에 몸을 담그고 머릿속을 비운다. 그런다고 내일까지 5,000자 분량의 원고를 누군가의 이메일로 보내야 한다는 사실이 바뀌지는 않지만, 그래도 잠시나마 '난 엉터리 작가야. 한 글자도 더 못 쓸 거야'라는 생각에서 벗어나 '아아, 정말 좋아' 하는 기분에 젖을 수 있다.

마술사가 교묘한 손재주 덕분에 멋진 공연을 성공시키듯이, 우리는 교묘한 마음 재주로 걱정을 사라지게 할 수 있다. 적어도 일시적으로, 또는 어쩌면 영원히 말이다("그건 속임수잖아!"라며 나한테 따지지 마라. 책을 시작할 때 나는 분명히 '마술'을 알려주겠다고 약속했다. 내 말을 전적으로 믿어야 한다).

자, 앞에서 설명했던 멘붕의 네 가지 얼굴과 뒤집기를 떠올려 보자.

- **불안한가? → 초점을 맞춘다.**
- **슬픈가? → 자신을 다독이며 회복한다.**
- **분노가 치미는가? → 한 발짝 떨어져 생각하며 이성을 찾는다.**
- **회피하고 있는가? → 문제를 마주한다.**

이것이 바로 마법이 시작되는 지점이다. 이제부터, '걱정하기를 중단할' 필요가 있을 때 소매를 걷어붙이고 곧장 활용할 간단하고 세련된 마술을 알려주겠다.

불안에서 탈출하는 법

온갖 근심이 마음속에서 불어난다. 신경은 곤두서고, 이를 하도 갈아서 닳을 지경이고, 아직 일어나지 않았거나 이미 일어난 일에 대한 불안감으로 생각이 자꾸만 많아진다. **당신은 초점을 맞출 곳을 찾아야 한다!**

불안감에게 손가락을 선물한다

나는 불안할 때 허공에서 피아노를 치는 것처럼 손가락을 꼼지락거리면서, 또는 양 손바닥을 쫙 펴고 흔들면서 집 안을 돌아다닌다. 남편은 그걸 보고 '잡동사니 처리용 손가락들'이라고 부른다. 그건 내가 곧 미친 듯이 정리정돈을 시작할 거라는 신호이기 때문이다. 주방 찬장을 청소하거나 커피 테이블에 어질러진 오래된 잡지들을 치우다 보면, 생산적이고 기분전환이 되는 행동에 파묻혀 심리적 불안함이 일시적으로나마 해소된다.

그 행동이 꼭 정리정돈일 필요는 없다. 불안감이 관자놀이를 파고들 때 활용할 수 있는, 손을 움직이는 다른 일도 얼마든지 있다. 예컨대 집중해서 기타 줄을 조율하거나, 바지를 수선하거

나, 아이의 '인형의 집' 안에 들어 있는 쪼그만 침대를 수선하는
것도 좋다.

타인의 문제로 눈을 돌린다

당신한테 필요할 때 곧장 의지할 심리상담사는 없을지 몰라도
친구, 가족, 이웃 사람, 택배 아저씨는 있다. 그들에게 말을 걸고
대화를 나눠라. 당신 여동생한테 안부를 묻고 '그녀의' 짜증 나
는 고민거리를 들어라. 당신 자신이라면 아마 받아들일 것 같은
조언을 여동생에게 해주면서 당신의 불안감을 날려 보내라.

불안감이 눌러앉을 정신적 공간을 없애버리면 특정한 문제에
관해 계속 불안해하지 않게 된다. 그리고 그런 상태를 만드는 꽤
효과적인 방법은 그 공간을 사람들과의 대화와 교류, '남의' 문
제로 채우는 것이다. 요즘 내가 멘붕에 빠지지 않고 차분하게 지
내는 비결이 무엇일 것 같은가? 1년 내내 사람들한테 조언을 해
주는 덕분이다.

오늘 밤의 나, 그리고 내일의 나

이쯤에서 집 안의 타란툴라를 다뤄보자. 불안해서 밤에 도통 잠
이 안 오고 불안의 원인, 즉 문제가 뭔지는 당신도 정확히 알지

만, 그 문제를 당장 해결할 수는 없는 상황 말이다.

그런 상황, 내가 누구보다 잘 안다. 그래서 내가 애용하는 마음속 마술사 겸 조수를 당신에게 소개하려는 것이다. 그것은 '**오늘 밤의 나와 내일의 나**'다.

이런 상황을 가정해보자. 지금은 금요일 새벽 3시이고 당신은 잠을 못 자고 있다. 화요일에 직장 동료 루스한테 어떤 말을 무심코 무뚝뚝하게 던졌는데 당신은 루스가 기분이 나빴으면 어쩌나 걱정이 된다. 대화 당시에는 루스가 기분이 상한 것 같은 낌새가 전혀 없었음에도, 그리고 당신 입에서는 지각 있는 사람이라면 누구도 비난으로 느끼지는 않을 것 같은 말만 나왔음에도 말이다. 그런데도 불안해 죽겠다. 루스가 기분이 상했으면 어쩌지?

자, 지금은 새벽 3시다. 그러므로 '오늘 밤의 당신'은 루스한테 전화를 할 수 없고, 당신이 했던 말 때문에 불쾌하지 않았으면 좋겠다고 그녀에게 말할 수 없으며, "네? 난 당신이 그런 말을 한 것조차 기억이 안 나요. 그러니 기분 상할 이유도 없고요. 에이, 바보 같기는"이라는 그녀의 대답을 듣고 마음이 놓이는 것도 불가능하다.

그러나 당신이 할 수 있는 게 있다. **오늘 밤의 당신은 내일의 당신이 더 잘 해나갈 수 있게 준비시킬 수 있다.** 즉 잠을 충분히 자는 것이다.

당신은 이렇게 물을지 모른다. 루스가 오해했을지도 모를 말 때문에 불안한데, 또는 산더미 같은 할 일 목록이 주식 시세창처럼 머릿속에서 끊임없이 돌아가는데 어떻게 잠이 오겠느냐고. **하지만 제발 내 말을 끝까지 들어달라. 이건 진정하는 방법에 관한 이 총론 중에 가장 유용한 팁일 수도 있다.**

내가 지금까지 얘기했던 내용과 연관 지어 이 문제를 생각해보자.

- 지금은 잠을 자는 게 더 시급한 문제다. 따라서 그걸 최우선 순위로 삼는 게 맞지 않겠는가? 오케이.
- 게다가 당신이 지금 웬만큼 통제할 수 있는 부분은 그것뿐이다. 그리고 실제로 당신이 해결할 수 있는 것이기도 하다. 맞는가? 오케이.
- 그게 현실이다. 그 현실을 받아들일 것인가? 오케이.

지금 "어어, 잠깐만!"이라고 했는가? 나 혼자만 마구 진도를 나가는 것 같은가? 당신이 내는 짜증의 기운이 내가 있는 곳까지 풍겨온다. "엿 같은 소리", "잘난 척 좀 하지 마쇼"라는 불평도 들린다. 당신이 자신에게 좋은 일이란 걸 알면서도 못 하고 있는 무언가를 내가 우격다짐으로 시키는 것 같은, 그런 느낌인가?

그 기분 이해한다. 어떤 이유로든 간에 타인이 해주는 유익한 조언을 받아들일 수 없는 때가 있는 법이다. 그런 독자를 만나는 건 내가 일할 때 불가피하게 겪는 애로 사항이다.

잠깐 여기서 분위기를 좀 바꿔보자. 내 20대 초반 시절의 얘기다. 당시 내 남자친구(즉 지금의 남편)는 나한테 칵테일이 석 잔째가 될 때마다 제발 물을 마시라고 간청했는데, 나는 그게 조언이 아니라 잔소리로만 느껴졌다. 나는 그의 말이 맞는다는 걸 잘 알았다. 하지만 왠지 압박받는 기분이었고, 남자친구가 하라는 대로 하면 자존심이 구겨질 것 같았으며, 다음 날 예상되는 숙취 때문에 미리 혼나는 기분도 들었다. 이미 보드카 토닉을 두세 잔 마신 나한테 "물 좀 마셔"라고 말하는 것은, '나한테 이래라저래라 하지 마!' 하는 표정을 유발하는 가장 확실한 방법이었다.

다음 날 아침에 나는 물을 안 마신 걸 후회했을까? 물론이다. 그럼 다음번 술을 마실 땐 남자친구의 조언대로 했을까? 안 했다. 말 그대로 악순환이었다. 보드카 토닉에 라임을 조금 더 넣긴 했지만.

그러던 어느 날 친구가 나한테 '스페이서(spacer)'라는 걸 가르쳐주었고 그 뒤로는 모든 게 달라졌다. 스페이서는 '다른 누군가의 지시로' 내가 마셔야 하는 짜증 나는 물이 아니다. 스페이서는 무알코올 음료이고, 그 이름이 암시하듯 술과 술 사이에 간격(space)을 두기 위해 마시는 것이다. 나는 내 음주습관에 대한 주도권을 갖고 바텐더에게 슬금슬금 다가가 스페이서를 주문했다. 내가 선택한 내 스페이서를 말이다.

당신은 지금 이렇게 말하고 싶을 거다. "그래서 뭐요? 대체 이 얘길 왜 하는 겁니까?"

나는 지금 막 이 책 내용을 통틀어 두 번째로 유용한 팁을 알려주기도 했지만, 스스로 스페이서를 마시기로 하는 것이 잠을 자기로 하는 것과 비슷하다는 얘기를 하고 싶은 것이다. 둘 다 자신이 뭘 해야 하는지 너무도 잘 알지만 그걸 하라는 소리를 남한테 듣고 싶지는 않은 상황임을 고려할 때, '만취하는 것'은 '불안에 휩싸여 불면증에 시달리는 것'에 비유할 수 있다.

"뭔 소린지 알겠어요. 하지만 잠을 자는 게 나를 위한 최선이라는 걸 아는데도 잠이 안 오면 어떡해요?"

좋다, 일단 뭔가 진전이 되고 있는 것 같아 다행이다. 나의 풍부한 개인적 경험에 근거해 말하건대, 당신은 이 문제에 대해 지금까지와 다른 식으로 접근한다면 충분히 꿈나라로 건너갈 수 있다. 스스로 주도권을 가졌다고 생각하고, '잠드는 것'을 스페이서를 주문하는 일이나 끝없는 할 일 목록에서 하나를 처리하는 일처럼 여긴다면 말이다. 그것을 해내겠다고, 그래서 지친 패배자 같은 기분 대신에 성취감을 느끼겠다고 다짐해라.

우리가 하던 얘기의 주제가 '오늘 밤의 나와 내일의 나'였던 건 기억하는가? 이 주제의 멋진 결말이 기다리고 있다.

어느 날 밤 갓 잡아올린 물고기처럼 퍼덕거리며 계속 뒤척이고 있을 때, 남편이 나를 보더니 이렇게 말했다. **"오늘 밤의 세라가 할 일은 잠자는 거야. 그 문제는 내일의 세라가 내일 처리하면 돼."**

나는 남편 말대로 관점을 바꿔서, 내가 '오늘 밤의 나'에게 자라는 명령을 내렸다. 그리고 진짜로 잠이 들었다!

남편은 '스페이서' 마술이 내 고집을 꺾는 것을 목격하고 그걸 약간 변형해 활용했는지도 모른다. 아니면 내가 진짜 마법사와 결혼을 한 건지도. 뭐, 어느 쪽이든 상관없다. 어쨌든 그 이후로는 **'너무나 하고 싶은 유일한 일을 할 수가 없다는 사실'에 집중하는 대신 '내가 할 수 있는 유일한 일을 하기로 마음먹는 것'으로 관점을 옮길 수 있었으니까.**

예전에 나는 '내일의 나'가 당연히 내일의 일들을 처리할 거라고 믿었다. 지금은 '내일의 나'를 좋은 컨디션 상태로 출발선에 세우는 것이 '오늘 밤의 나'가 해야 할 일이라고 생각한다.

역시 교묘한 마음 재주는 효과가 대단하다. 맞다. 난 아무래도 마법사랑 결혼한 게 분명하다. 하지만 꼭 우리 부부의 말을 들을 필요는 없다. '오늘 밤의 당신'의 말을 들어라. '내일의 당신'이 내일 고마워할 것이다.

불안을 완화하는 또 다른 방법들

- 심호흡(코로 들이마시고 입으로 내뱉는다)
- 요가
- 섹스
- 거품 목욕
- 천천히 100까지 세기
- 마그네슘 보충제
- 컬러링북

슬픔에서 탈출하는 법

슬퍼하는, 우울한, 시무룩한, 절망적인, 낙담한, 암울한…. 이 단어들을 다른 표현으로 바꾸면? '아프게 하는'이다. 당신은 자신을 아프게 하고 있는 것이다. 따라서 치료와 회복이 필요하다. 슬픈 일이 있다면 어느 정도의 시간과 에너지를 슬퍼하는 데 써라. 그런 후에는 **감정 강아지를 상자에 가두고 자신을 다독임으로써, 슬픔 속에서 언제까지고 뒹구는 일을 피해라.**

웃음은 최고의 명약이다

"제발 진정 좀 해"와 마찬가지로 "제발 얼굴 좀 펴"라는 말 역시 멘붕 상태인 사람한테 씨알도 안 먹힐 때가 많다. 나도 안다. 하지만 그래도 그렇게 말해야겠다. 왜냐하면 정말로 '효과가 있기' 때문이다. 만일 어떤 일 때문에 우울하다면 기분전환에 확실히 도움이 되는 것들에 눈을 돌려라. 귀여운 고양이 사진이든, 수면 마취에서 막 깨어나 횡설수설하는 사람을 찍은 동영상이든, 보고 나면 기분 좋아지는 따뜻한 영화든, 배꼽을 뺄 만한 토크쇼든.

설령 사진 몇 장이나 동영상 몇 편을 보는 동안만 걱정을 잊는다고 해도, 잊은 건 잊은 거다. 그게 어딘가!

자신에게 멋진 것을 선물한다

주변의 누군가가 슬픔에 젖어 있거나 힘든 일을 극복하려 애쓰고 있으면 당신은 그를 위로하러 음식을 들고 찾아갈 것이다. 오븐으로 만든 찜 요리, 쿠키, 과일 바구니 같은 것. 남이 아니라 자기 자신에게 그런 다정함을 보여줘선 안 될 이유가 없지 않은가? 꼭 음식일 필요는 없다. 우울할 때 음식에서 위안을 얻는 사람도 있지만, 헤어스타일을 바꾸거나 마사지를 받으며 위안을 얻는 사람도 있는 법이다. 남들에게 대접하고 싶은 대로 당신 자신을 대접해라. 당신이 미치도록 좋아하는 컵케익 전문점에 가거나 집 앞 사거리에 새로 생긴 마사지숍에 가서 한 시간짜리 어깨 안마를 받아라. 어느 쪽이든 만족스러울 테니.

분노에서 탈출하는 법

5분마다 "그 주둥이 좀 닥쳐!"라고 외치면서 옆집에서 새로 키우기 시작한 애완용 수탉을 향해 씩씩거리며 울타리 사이로 빗자루를 쑤시면 무료함은 달랠 수 있을지 모른다. 그러나 길게 봤을 때 멘붕 자원을 현명하게 쓰는 방법은 아니다. 내 말을 믿어라. 대신 그 **시간과 에너지를 보다 '평화로운' 무언가에 쏟아 마음을 진정시켜라.**

운동을 한다

나는 앞에서 머릿속 공간 정리가 육체 활동이랑 상관이 없다고 말했지만 실은 나도 가끔 거짓말을 한다. 배달시킨 음식이 오지 않아 전화하면 "한참 전에 출발했어요"라고 대답하는 식당 사장님처럼 말이다.

'행복 호르몬'으로 불리는 세로토닌의 분비를 늘리는 방법에는 여러 가지가 있는데 그중 하나가 운동이다. 하지만 가기 싫은 헬스장에 꼭 억지로 가라는 얘긴 아니다. 물론 러닝머신 위를 달리면서 분노를 풀거나 크런치 운동으로 마음의 평정을 되찾아도 좋다. 당신한테 그게 효과가 있다면. 나는 가끔 새벽잠을 방해하는 수탉을 없애버리고 싶다는 생각을 머릿속에서 떨쳐내기 위해 해변을 천천히 산책한다. 당신의 직장 건물에는 비상 계단이 있는가? 상사의 얼굴에 사직서를 던지고 싶은 마음이 없어질 때까지 오르락내리락해라. 주변에 한갓진 공터가 있는가? 거기 가서 옆으로 재주넘기를 해라! 한갓진 공터인 데다가 아무도 없는 밤인가? 옷을 홀딱 벗고 재주넘기를 해봐라.

복수를 구상한다

이 팁을 알려주면 전문가라는 타이틀을 박탈당할지도 모르지만 제발 그런 일은 없길 바라며. 윗집에 사는 남자가 날마다 친구들을 불러 밤새도록 파티를 한다고 치자. 그들은 아침이 돼서야 곯아떨어지고 당신은 아침마다 짜증이 폭발한다. 끓어오르는 화에 몸부림치는 대신 그 남자한테 복수할 방법을 상상하면서 기분을 바꿔보면 어떨까? 꼭 실행하라는 얘기가 아니다. 그 자식을 흠씬 두들겨 패주는 상상만으로도 한결 기분이 좋아진다(물론 출근길에 그의 열린 자동차 창문 안으로 '실수로' 간장을 쏟아도 통쾌할 거다).

상상만 해도 즐거운 복수 다섯 가지

● 으스스한 술집 화장실 벽에 그 자식의 전화번호와 '무엇이든 해드립니다' 적어놓기

- 으스스한 술집 화장실 벽 50군데에 그렇게 적어놓기
- 그 자식이 묵는 호텔 방에 새벽 4시 모닝콜 신청해놓기
- 후춧가루가 가득 든 상자를 그 자식 집에 우편으로 배달하기
- 그 자식의 바지가 세탁기로 들어가기 직전에 주머니에 씹던 껌 넣어 놓기

타조 모드에서 탈출하는 법

불안에 휩싸이면 생각이 지나치게 많아지고 초조함에 압도당하고 과도하게 예민해지는 반면, 문제를 회피할 때는 완전히 정반대가 된다. 걱정 때문에 정신이 마비돼서 행동하지 않고, 결정도 안 내리고, 상황에 대처하지도 못한다. 그러면 멘붕 자원이 절약된다고 '착각'할지 모르지만, 실은 걱정거리를 치워버리는 데 사용할 수도 있는 소중한 시간을 낭비하고 있는 것이다. **컨디션 회복을 위한 건강한 낮잠과 방어적 대응기제일 뿐인 건강하지 못한 낮잠의 차이를 생각해봐라.** 낮잠을 바보처럼 활용하지 말자. 다음과 같은 유효한 대안들을 실천해봐라.

알람을 맞춰놓는다

뭔가를, 예컨대 당신의 10대 아들과 '얘기를 좀 하는' 것을 미루

고만 있다면, 그 일을 상기할 수 있게 스마트폰이나 시계의 알람을 하루에 열 번쯤 울리게 해놓아라. 그 지긋지긋한 따르르릉 소리를 '또' 듣느니 차라리 바나나를 들고 아들한테 가 콘돔 착용법을 설명해버리고 말겠다는 생각이 들 것이다. 설령 그 일을 또 미룬다고 해도, 알람이 울릴 때마다 문제를 떠올리며 어쩔 수 없이 인정하게 되므로 절반은 성공한 셈이다.

사실, 곰곰이 생각해보면 절반이 아니라 '3분의 1' 성공한 셈이다. 두 번째 3분의 1은 당신이 열다섯 살짜리 아들의 성욕을 통제할 수 없다는 사실을 '받아들이는' 것이고, 나머지 3분의 1은 당신이 통제할 수 있는 부분을 '실행하는' 것, 즉 피임법을 알려주고 안전한 섹스를 하도록 교육하는 것이다.

한 번에 하나씩 피한다

당신이 타조 타입이라면 틀림없이 동시에 회피하고 있는 일이 몇 가지는 될 것이다. 정확히 맞혀서 뜨끔했는가? 한 번에 한 가지 문제에만 집중해야 하는 것처럼, 한 번에 하나씩만 회피하기로 당신 자신과 협상해라. 예를 들어 피부에 난 이상한 검은 반점을 검사하러 병원에 가는 일을 피하고 있다면, 수표책 잔고 맞추기를 미루는 것은 스스로에게 허락하지 않는 것이다.

'나쁜 소식을 알게 되는 것'을 피하고 싶어서 미루는 심리는 이해한다. 하지만 눈을 감고 귀를 틀어막고 "나나나나~" 노래를 부른다고 해서 허리케인이 육지에 상륙하는 걸 막을 수는 없다. 마찬가지로, 그런다고 해서 피부암이나 파산이라는 폭풍을 막을 수는 없다. 문제에 대한 두려움과 지금 마주해라. 그러면 적어도 문제가 현실화됐을 때 대처할 '기회'를 얻을 수 있다.

교묘한 마음 재주가 조금 비열한 방식 같은가? 뭐, 그럴지도 모른다. 하지만 당신도 인정할 수밖에 없을 것이다. 뭔가를 즐기고 있을 때는 멘붕에 빠지기가 어렵다. 그게 유치한 영화를 보면서 웃는 것이든, 맛있는 음식을 즐기는 것이든, 윗집 남자의 자동차 시트가 흠뻑 젖도록 간장을 마지막 한 방울까지 최대한 집중해서 떨어트리는 것이든 말이다.

그리고 만일 타조인 당신이 내 조언을 듣고 뭔가 행동을 시작했더라도, 병원 피부과 대기실에 앉아서 계속 걱정만 하고 있을지 모른다. 하지만 적어도 이제는 문제를 피하지 않고 있는 것이다. 그 정도면 박수를 받을 만하다.

옵션 3: 쓸모 있게 걱정하기

'그냥 버리기'와 '마술 부리기'는 보다 차분하고 행복해지는 데 도움이 되는 멋진 방법이다. 적극적으로 활용하길 권한다. 그러나 개개인에 따라서, 또 걱정의 내용에 따라서 이 두 방법만으로는 충분하지 않을 때도 있다. 나도 안다. 그리고 나는 당신이 성공하기를 바라지 실패하기를 결코 바라지 않는다.

여기서 잠깐 고백을 해야겠다. **걱정 탈출 기술은 어쩌면 살짝 부정확한 명칭일 수도 있다.**

걱정 탈출이라…. 완전히 탈출? 영원히? 엄밀히 말하면 불가능한 얘기다. 당신이 발생 가능 측정계를 조정하고 있는데, 그 와중에도 오만 가지 걱정이 계속 당신을 괴롭힐 것이다. 때로는 아무리 용을 써도 걱정에서 벗어나 다른 일에 집중할 수가 없다.

아무리 그렇더라도, 방법이 있다. 바로 '쓸모 있게 걱정하기'다.

- **쓸모 있게 걱정함으로써 당신이 걱정하는 일이 일어나지 않게 할 수 있다:** 나를 향해 다가오지 못하게 완벽하게 방지할 수 있는 1등급 사건(발생 가능성 매우 작음)의 경우처럼 말이다.
- **또는 쓸모 있게 걱정함으로써 나쁜 일이 닥쳤을 때 당신이 보**

다 나은 준비 상태가 되도록 할 수 있다: 5등급 사건(불가피함)의 경우처럼 말이다. 폭풍우를 앞두고 적절히 대비하면 집과 정원의 피해를 훨씬 줄일 수 있다.

"어 잠깐만요, 이건 '문제에 대처하기'에 속하는 내용 같은데요? 이렇게 휙 건너뛰는 건가요?"

예리한 질문이다. 집중해서 책 내용을 잘 따라와 주어 고맙다. 하지만 절대 건너뛰려는 게 아니다. '문제에 대처하기'는 3장에서 다룰 텐데, 이건 일종의 중간 단계라고 할 수 있다. 여기서 당신에게 가르쳐줄 내용은 바로 이거다. **생산적이고 유용하고 효과적인 방식으로 걱정하기.** 나는 이것을 'PHEW(Productive Helpful Effective Worrying)'라고 부른다.

생산적이고 유용하고 효과적인 방식으로 걱정하기

지금까지 우리의 목표는 통제할 수 없는 일에 대한 걱정을 버리고 통제할 수 있는 일을 처리하는 데 쓸 수 있도록 시간과 에너지, 돈을 절약하는 것이었다. 즉, 우리는 멘붕 자원을 아껴두었다.

그런데 걱정을 완전히 버리지 못하겠더라도 또 다른 방법이 있다. 바로 **걱정을 생산적이고 유익한 행동으로 전환하는 것이**

다. 즉 나쁜 일이 발생하기 전에 멘붕 자원을 현명하게 사용하는 것이다. 그러면 (적어도) 그 일을 극복할 수 있게 대비하는 데 도움이 되고, (잘하면) 그 일이 아예 일어나지 않게 할 수도 있다.

그것이 생산적이고 유용하고 효과적인 방식으로 걱정하기 (PHEW)다. 지금부터 자세히 설명하겠다.

- **걱정 탈출 기술**에 따라, 걱정거리를 등급별로 분류하고 우선순위를 매긴 후 '내가 이것을 통제할 수 있는가?'를 생각해본다.
- 답이 '아니요'라면 통제할 수 없다는 사실을 '받아들이고' 그 걱정을 버린다. 이게 **'1단계: 마음을 가라앉히고 진정한다'**다.
- 답이 '예'라면 기쁨의 환호성을 내질러도 좋다. 곧장 **'2단계: 문제에 대처한다'**로 넘어가 당신의 행동 반응을 정리해라.
- 하지만 만일 답이 '아니요'인데도 걱정을 멈출 수가 없거나 다른 일로 신경을 돌리는 게 도저히 안 될 수도 있다! 그럴 때는 **생산적이고 유용하고 효과적인 방식으로 걱정하기**를 해야 한다.

예를 들어보겠다. 내 트위터에 어떤 부모가 이런 걱정거리를 올렸다.

- 만약에 내가 우리 애들을 잘못 키워서 나중에 형편없는 인간이 되면 어떡하지?

많은 부모가 이런 생각 때문에 불안해하고 때로는 걱정의 늪에 빠지기도 한다. 문제 접수 완료!

먼저, 나는 부모라면 이런 걱정이 '그냥 버려지지' 않으리라는 사실을 충분히 이해한다. 또 아이 키우는 문제에 관한 한 교묘한 마음 재주를 발휘해 다른 데로 신경을 돌리기가 어렵다는 것도 잘 안다. 사실 부모가 다른 데로 신경이 쏠려 있으면 안 될 때도 많다. 특히 놀이터에서는 말이다. 언제 사고가 일어날지 모르니까.

그러나 한번 잘 생각해보자. 아이를 잘못 키워서 나중에 형편없는 인간이 되면 어쩌나 끊임없이 불안한(그리고 그 걱정을 버릴 수가 없는) 당신이 '할 수 있는' 행동이 있다. 그건 바로, 최대한 훌륭한 부모가 되는 데 시간과 에너지와 돈을 사용하는 것이다.

아이가 나중에 형편없는 사람이 될지 아닐지는 당신이 완벽히 통제할 수 없다. 어느 시점부터는 아이가 하기 나름이다. **그렇지만 당신은 마음껏 걱정함과 '동시에' 어느 정도 영향력을 발휘할 수 있다.** 긍정적 결과를 낳는다고 객관적으로 검증된 양육 방법을 실천함으로써 말이다. 예컨대 아이에게 책을 읽어주고, "사랑해"나 "난 네가 자랑스러워" 같은 말을 자주 해주고, 타인에게 정중하게 말하고 "감사합니다"라고 할 줄 알게 가르치고, 모래사장에서 내가 누운 쪽으로 모래를 차지 않게 가르치는 것이다.

적어도 이 행동들, 즉 교묘한 마음 재주를 활용해 신경을 딴 데로 돌리는 것이 아니라 **해당 걱정과 '직접적으로 관련된' 행동을 하면 된다.** 아이 걱정이 계속 머릿속에 맴돌지라도 당신은 아이가 올바르게 자라도록 돕기 위해 최선을 다하는 것이다.

이것이 PHEW 기법이다. 내 입으로 이런 말 하긴 좀 그렇지만, 적어도 당신이 이제껏 받아본 최악의 조언은 아닐 것이다(사실 이 조언은 앞에도 잠깐 등장했다. '끝내주게 멋진 모자 아저씨'가 되라고 했던 것 기억하는가? 그것도 PHEW 기법이었다).

걱정이 머릿속을 떠나지 않는가? 괜찮다. 마음껏 걱정해라! 대신 쓸모 있게, 의미 있게 걱정하면 된다.

불행 폭풍을 먼바다로 보내버리기

5등급 허리케인 두 개가 카리브해의 불안한 섬에 있는 우리 집을 강타할 것 같은 경로로 다가오는 동안, 나는 열흘이나 꼼짝 않고 TV 앞에 붙어 앉아 일기예보만 주시했다. 우리 동네를 지나갈 게 거의 확실해 보였던 허리케인이 열하루째 되는 날 방향을 틀어 먼바다로 빠져나갔고, 나는 지옥에라도 있다가 빠져나온 것처럼 얼마나 안심이 됐는지 모른다.

물론 허리케인이 아슬아슬하게 비껴간 것은 전적으로 천운이었다(카리브해 섬사람들은 누구보다 잘 알겠지만, 대자연과 세계의 어떤 지도자는 너무나 변덕스러워서 사람들에게 언제 혼란과 파괴를 야기할지 종잡을 수가 없다). 하지만 당신이 걱정하는 '불행 폭풍'의 경우(그것도 발생 가능성이 작은 일)라면 얘기가 좀 다르다. 당신이 그 등급을 낮춰버릴 수도 있기 때문이다. 때로는 발생 가능성 측정계상으로 2등급이나 1등급인 것을 전혀 위협적이지 않은 먼바다의 근심성 저기압으로 만들 수 있다. 그리고 나서 당신은 "남북전쟁 이래 최악의 인도주의적 위기를 내가 직접 나서서 해결했군"하면서 뿌듯해하면 된다.

이미 발생 가능성이 작은 일을 아예 일어나지 못하게 하는 두 가지 방법이 있다.

1. **행동을 취한다**(PHEW).
2. **아무것도 안 한다**(고개가 갸웃거려질 것이다. 나도 안다. 조금만 참고

끝까지 읽어주시길).

둘 다 나름의 쓰임새가 있다. 당신이 통제할 수 있는 것을 파악하고 그에 따라 행동하거나 행동하지 않거나 하면 된다. 예를 들어보겠다.

- **큰돈을 들여서 집에 새로 페인트칠을 했는데 다 칠해놓고 보니 색깔이 완전 꽝이면 어떡하지?**

  취할 수 있는 행동: 요즘은 이런 고민을 없애주는 앱이나 온라인 시뮬레이션 프로그램이 있다. 그것들을 열심히 찾아 활용한다(참고로, 과감한 헤어스타일을 시도하려 할 때도 활용할 수 있다).

  결과: 칠해놓고 보니 경악할 일이 발생하지 않음

- **결혼 25주년 기념 선물이 아내 마음에 안 들면 어쩌지?**

  취할 수 있는 행동: 아내의 절친에게 선물 고르는 것을 도와달라고 부탁한다. 또는 아내와 커피를 마시면서 뭘 갖고 싶은지 슬쩍 물어봐 달라고 부탁한다.

  결과: 아내가 행복하면 인생도 행복함

- **좋은 이미지를 심어줘야 하는 중요한 고객의 요트에 함께 탔**

는데 배라고는 태어나 처음 타보는 거라서 멀미를 하면 어떡하지?

취할 수 있는 행동: 멀미약을 먹는다.

결과: 멋진 선상 파티를 즐김

사실 이것은 실제로 일어날 가능성이 작은 일들이다. 하지만 그래도 걱정이 된다면 그 일을 막을 수 있는 행동을 취하면 된다.
만일 평소 당신이 파란색 계열의 이런저런 물건을 좋아한다면 집처럼 규모가 큰 경우에도 그 색깔을 좋아할 가능성이 크다. 하지만 사전 시뮬레이션 등으로 확실히 해두면 좋다. 아내와 25년을 함께 살았다면 아내가 뭘 좋아하고 싫어하는지 정도는 잘 알 것이다. 그래도 아내의 절친한테 지원 요청을 하면, 눈물을 글썽이는 아내로부터 "어머나, 세상에! 내가 이걸 갖고 싶어 하는 거 어떻게 알았어?!"라는 말을 들을 확률이 더 높아진다. 그리고 모든 사람이 멀미를 하는 것은 아니지만, 고객과의 협상이 마무리되려는 순간에 가서야 자신이 뱃멀미에 취약하다는 사실을 깨달아서는 안 된다. '고객 앞에서 구토함'은 당신의 링크드인 프로파일에 결코 어울리지 않는 문구다.

　물론 이것들은 비교적 사소할 뿐만 아니라 쉽고 자명한 해결책이 있는 문제다. 그렇기에 애초에 발생할 가능성도 작은 것이다. 당신이 일어날 가능성이 작은 일을 걱정하는 타입이라면, 이제 어떻게 하면 아침이 오기 전에 그것을 먼바다로 날려버릴 수 있는지 감을 잡았을 것이다. 진짜 괜찮은 방법이다.

원치 않는 불행 폭풍을 피하는 두 번째 방법은 아무것도 안 하는 것이다.

내가 조금 전에 멘붕을 막으려면 '모종의 행동을 취하라'고 강조했다는 것, 나도 잘 안다. 하지만 사실 이번에는 '문제와 관련된 행동'이 아니라 '문제 자체'를 말하는 것이다. 행동하지 않음으로써 불행 폭풍의 접근을 막으면 멘붕에 빠지고 자시고 할 것도 없어진다.

예를 들어 원치 않는 임신을 할까 봐 걱정이 돼서 미치겠다고 치자. 만일 피임법을 정기적으로(그리고 제대로) 활용하고 있다면 '임신하면 어떡하지?'는 이미 1등급(가능성 매우 작음)에 해당한다. 하지만 단 1퍼센트의 실수 가능성도 허용하고 싶지 않다면, 누가 봐도 확실한 방법이 있다.

바로 금욕생활이다! 그래, 금욕생활 말이다. 맙소사.

내가 스키를 좋아하지 않는 것만큼 당신이 섹스를 좋아하지 않는다면 아무것도 안 하는 전략은 효과 만점일 것이다. 어디선가 짜증 섞인 한숨 소리가 들려오는군. 하지만 내 말이 맞지 않는가? 사실, 나쁜 결과를 맞이할 리스크를 '조금도' 감수하기 싫어서 '절대로' 안 할 수 있는 행동의 종류는 무궁무진하다. 물론 당신이 포기한 그 행동이 그럴 가치가 있다는 가정하에 말이다. 예를 몇 개 들겠다.

- 카누를 타다가 뒤집어져 물에 빠지는 일을 당하지 않으려면 카누를 절대로 안 타면 된다. 강을 건너는 방법은 카누 말고 도 많다(예: 강에 놓인 다리).
- 폭죽 사고를 절대로 당하고 싶지 않으면 평생 폭죽을 안 만지면 된다. 재미로 갖고 놀다가 인공 눈알을 심어야 하는 지경이 될 수도 있다.

혹시 내 말투에서 살짝 빈정거림을 느꼈는가? 당신 느낌이 맞다. 애당초 일어날 가능성이 작은 일인데도 두려워하면서 '무언가를 절대로 안 하는 것'은 별로 유익한 짓이 아니다. 당신은 원래의 그 행동이나 대상을 아예 피함으로써 사실상 자신에게 더 몹쓸 짓을 하는 셈이다. 다르게 표현하면 이렇다. **걱정으로 마비되어 사는 것은 사는 게 아니다.**

비이성적 두려움이 생겼다, 오버

내게 몹시 친밀한 불안감 하나를 보너스로 소개하겠다. 이걸 읽으면 당신이 오랫동안 극복 불가능하다고 생각해온 어떤 문제를 새로운 시각으로 바라볼 수 있을지도 모른다. 또는 조롱 섞인 코웃음을 치며 나를 구제 불능 바보로 단정 짓고 이제부턴 당신 갈 길을 가는 기점이 될 수도 있겠다.

이런 상황을 상상해보자. 당신은 뉴욕주에서 뉴멕시코주까지 비행기 여행을 할 예정이다. 그런데 이 '죽음의 델타 비행선'이 오대호 위에서 추락해 당신을 포함하여 115명의 승객이 물속으로 침몰할 운명이 아닐까 걱정된다.

극심한 불안감에서 벗어나기 위한 첫 단계는 해당 사건(비행기 사고로 죽는 것)을 발생 가능성에 따라 분류한 후 **그다지 일어날 확률이 높지 않다는 사실을 인정**하는 것이다.

더 정확히 말하면 이렇다. 비행기 사고로 죽을 확률은 1,100만 분의 1이다. 이는 상어에 물려 죽거나(800만 분의 1) 유람선을 타다 죽거나(625만 분의 1) 벼락을 맞는 것(1만 2,000분의 1)보다 낮은 확률이다. 즉 당신이 마주한 것은 1등급(발생 가능성 매우 작음) 사건이다. 이 점에는 이론의 여지가 없다. 게다가 설령 그 비행기가 '정말로' 하늘에서 떨어질 운명이라 해도, 당신이 대체 뭘

할 수 있겠는가? 현재의 직업을 버리고 몇 년간 비행학교에 다닌 후 조종사가 되지 않는 한(그러려면 우선 비행 공포증부터 극복해야 할 것이다), **당신은 그 상황을 통제할 수 없다. 그것은 100퍼센트 당신이 어떻게 할 수 없는 일이다.**

이게 무슨 의미일까? **그 일을 걱정하는 건 시간 낭비이고 에너지 낭비**라는 뜻이다.

만일 그래도 비행기 추락이 걱정할 만한 일이라고 말한다면, 당신이 상황을 통제할 수 있는 방법을 하나 제안하겠다. 앞으로 평생, 절대로, 비행기를 안 타면 된다. 하지만 그렇다면 당신은 자동차도 자전거도 배도 타면 안 되고, 도로 옆을 걸어 다녀도 안 되고, 롤러블레이드를 타도 안 된다. 이동 수단이 지면과 가까울수록 사고 발생률은 훨씬 높아지니까 말이다.

사실, 나는 비행(꼭 비행이 아니라 다른 어떤 것이라도)에 대한 비이성적 두려움이 사람을 굉장히 힘들게 한다는 걸 잘 안다. 곰곰이 생각해보면 전혀 타당성이 없는 온갖 이유 때문에 나 자신도 비행기 타는 것을 무서워하기 때문이다. 그래서 나는 강연을 하러 가기 위해 비행기에 몸을 실을 때면, 이런 생각으로 지독한 두려움에 맞선다. '이 비행기가 폭발하거나 두 동강 나거나 추락하는 일을 막기 위해 내가 할 수 있는 일이 단 하나라도 있을까? 없잖아, 그치? 그렇다면 마음을 가라앉히고 내가 통제할 수 있는 것

에나 신경 쓰자. 강연 내용 키워드를 인덱스카드에 정리하고 거기에다 보드카를 쏟지 않도록 조심해야지.'

그리고 나는 이런 두려움에 소량의 신경안정제를 활용하기도 한다. 하지만 그건 내가 말하려는 핵심과는 무관하다. 나는 서른 살이 되기 전에는 신경안정제를 처방받아본 적이 없지만, 그때도 불안감을 느끼는 채로 비행기를 탔다. 비행기를 영원히 피하는 것은 합리적이지도 이성적이지도 않은 행동이라고 생각해서다. 그리고 앞에서도 말했지만, 나는 꽤 합리적이고 이성적인 인간이다. 대개의 경우에는 말이다.

안녕하세요. 저는 세라 나이트고요, 정신질환이 있어요 (그것도 하나 이상이요!)

지금까지 읽은 내용으로 당신도 파악했겠지만, 나는 이성과 합리적 사고와 감정 강아지 가두기뿐만 아니라 약물을 통해서도 삶의 질을 높일 수 있다고 믿는 사람이다. 나는 심호흡하기, 해변 산책, 머리 위에 파인애플 올리고 균형 맞추기 같은 비화학적 방법들도 활용하지만, 불안을 잠재우고 공황발작을 막기 위해 그날그날 내 상태에 따라 다양한 처방 약도 먹는다. 내가 약을 먹는 것은 효과가 있기 때문이다. 물론 모든 사람에게 약이 필요한 것은 아니다. 명상이나 전기충격 요법도 마찬가지다. 그렇지만 내가 이런 얘기를 하는 것은 정신질환 문제와 그 치료를 둘러싼 부정적 선입견을 없애는 데 조금이라도 기여하고 싶어서다. 정신질환도 신체에 생기는 상처나 병처럼 하나의 질환일 뿐이니, 만일 당신이 그런 문제를 겪고 있다고 해도 사람들에게 이상한 시선을 받아서는 안 되며 스스로도 부끄러워할 필요가 전혀 없다.

그래, 난 그런 사람이다. 이제 터무니없는 상상 속의 걱정과 싸구려 농담과 허리케인 비유로 이루어진 우리의 이야기로 다시 돌아가자.

불행 폭풍이 오기 전에 평정 찾기

나는 지금쯤이면 당신이 마음을 진정시킬 가능성에 대해 꽤 낙관적으로 느끼고 있기를 바란다.

- 당신은 우선순위를 매기는 팁과 도구를 얻었다.
- 통제라는 개념, 그리고 통제할 수 없는 것을 받아들인다는 개념을 이해했다.

- 걱정을 버리거나, 딴 데로 신경을 돌리거나, 걱정을 행동으로 전환함으로써 멘붕을 피하는 여러 방법을 배웠다.

이제 지금까지 배운 모든 것을 실행에 옮겨야 할 때다. 예를 통해 설명하기 위해, 이번 장 앞부분에서 소개했던 나의 걱정거리 목록을 다시 소환해보자. 앞에서는 이 잠재적 사건들 각각의 등급 분류 과정을 설명했다. 그러면서 나는 문제를 '인정한' 것이다. 여기서는 내가 어떤 부분을 통제할 수 있는지 자문해보고 그 답을, 즉 나의 현실을 '받아들이는' 작업을 해볼 것이다. 등급이 가장 낮은 것부터 시작해 높은 것으로 올라갈 것이다.

내가 걱정할 필요가 있을 수도, 없을 수도 있는 일 열 가지: 통제할 수 있는가?

1등급: 발생 가능성 매우 작음

- **타란툴라가 집 안에 또 나타난다**
  내가 이것을 통제할 수 있는가? 없다. 통제력 종류에 따른 구분으로 볼 때, 이건 '통제 불가능함'에 속하는 일이다. 나는 그 걱정을 무조건 버려야 한다(만일 럭키가 또다시 나타난다면 우리 집 애완동물로 삼아야 할 듯).

- **평소 먹던 것과 다른 피자를 주문했는데 맛이 완전 꽝이다**

  내가 이것을 통제할 수 있는가? 그렇다. 하지만 바로 그래서 애초에 이 일이 일어날 가능성이 매우 작은 것이다.

- **내 담당 편집자가 이 장의 내용을 마음에 안 들어 한다**

  내가 이것을 통제할 수 있는가? 나는 이 결과에 상당한 영향력을 발휘할 수 있다. 즉 마이크에게 쓰레기 같은 글을 보내지 않으면 된다. 그런다고 해도 그의 의견은 그의 의견이지만, 하나는 확실하다. 만일 내가 이미 보낸 원고를 그가 어떻게 생각할까 하는 것만 계속 걱정하고 있으면, 나머지 원고를 끝내는 데 사용할 시간이 줄어든다. 그러면 난 아마도 더 나쁜 결과를 감수해야 할 것이다. 마감일이 별로 남지 않았기 때문이다. 그래서 나는 '보내기' 버튼을 누르고 마음속 걱정을 '나머지 장들을 완성하기'라는 행동으로 전환하기로 했다 (PHEW 기법). 그래도 혹시 마이크가 '정말로' 이 장의 내용을 마음에 안 들어 할지도 모르므로, 완벽한 토핑이 올라간 라지 사이즈 피자를 주문한 뒤 마음을 진정시키고 원고를 다시 꼼꼼히 검토하는 데 내 멘붕 자원을 사용해야겠다.

2등급: 일어날 수도 있지만 가능성 작음

- **열쇠가 현관문 열쇠 구멍에 박혀 빠지지 않는다**

  내가 이것을 통제할 수 있는가? 예전에 열쇠가 구멍에 박혔던 이유를 모르기 때문에 그 일이 다시는 일어나지 않게 예방할 방법이 없다. 외출할 때 문을 안 잠그고 다니면 이 걱정에서 벗어나겠지만, 그러면 또 다른 험한 일을 자초하는 셈이다. 그렇다, 나는 이 문제를 통제할 수 없다. 그러므로 걱정을 과감히 버리고, 필요할 경우 문을 부수고 들어가야 하는 상황에 대비해 멘붕 자원을 아껴두겠다.

- **야자나무가 우리 집 지붕 위로 쓰러진다**

  내가 이것을 통제할 수 있는가? 통제할 수 없다. 엄밀히 말하면, PHEW 기법을 택해서 약간의 시간과 에너지와 돈을 이용해 집 근처의 야자나무 두 그루를 베어버릴 수도 있을 것이다. 하지만 이 나무들은 옆집 뜰에서 자라는 것이고, 그 집주인이 나무 없애는 걸 좋아하지 않을 것 같다. 게다가 나도 우리 집 수영장에서 수영할 때마다 야자나무들을 볼 수 없게 된다. 나는 멘붕 자원을 쓰지 않아도 된다. 적어도 당분간은.

- **공항 가는 길에 굽이진 산길에서 자동차 사고가 난다**

내가 이것을 통제할 수 있는가? 이것은 '약간의 영향력 발휘'가 가능한 문제다. 나의 멘붕 자원 사용량이 강연(많이 사용)과 럭키의 재출현 문제(전혀 사용 안 함)와 공항으로의 이동(약간 사용) 시에 각각 다른 이유는 간단하다. 강연 준비에는 내가 상당한 영향력을 발휘할 수 있기 때문이다. 하지만 럭키의 재출현을 막기 위해 내가 할 수 있는 일은 아무것도 없다. 독거미는 독거미의 본성에 충실하게, 즉 자기 가고 싶은 대로 움직인다. 한편 공항 가는 길에서는 내가 운전대를 잡지 않으므로 운전에 '직접' 영향을 미칠 수는 없지만, 내가 통제할 수 있는 부분도 있다. 즉 밤이 아닌 낮에 공항으로 이동해도 되도록 비행기를 예약한다든지, 폭우가 쏟아지기 시작하면 용기를 내서 택시 운전사에게 속도를 늦추거나 잠깐 차를 세워달라고 부탁한다든지 하는 것들이다. 자신이 통제할 수 있는 것에 신경 쓰고, 통제할 수 없는 것은 받아들이고, 차에서는 반드시 안전벨트를 매라.

- **강연을 하러 가서 완전히 망친다**

내가 이것을 통제할 수 있는가? 이미 말했지만, 그렇다, 통제할 수 있다. 통제 방법은 이렇다. 훌륭한 강연을 준비하고 지치도록 연습하는 데 시간과 에너지를 투자하는 것. 얼마나 생산적이고 유용하고 효과적인가? 물론 지금까지 없었던 일이라고 해서 앞으로도 일어나지 않으리라는 보장은 없다. 그러나 만일 내가 그런 식으로 걱정했다면, '외계인이 지구를 침공해서 인류를 자기네 부하로 만들어버리면 어떡하지?'를 걱정하느라 이미 오래전에 멘붕 자원을 전부 소진했을 거다.

자, 어떤가! 발생 가능성이 작은 일곱 가지 일 중에서, 나는 네 가지(타란툴라, 맛없는 피자, 구멍에 박힌 열쇠, 야자나무)에 대한 걱정을 버림으로써 멘붕 자원을 아꼈다. 그리고 세 가지(강연, 자동차 사고, 책의 원고)에 대해서는 PHEW 기법을 통해 멘붕 자원을 아꼈다.

아직 내게는 3, 4, 5등급 사건이 일어나는 경우에 쓸 수 있는 자원이 꽤 많이 남아 있다.

3등급: 가능성 있음

- **뭔가 더러운 것을 깔고 앉아서 내가 아끼는 반바지가 엉망이 된다**

  내가 이것을 통제할 수 있는가? 나는 이 문제에 상당한 영향력을 발휘할 수 있다. 앉을 자리를 꼼꼼히 살펴보면 되는 것이다. 하지만 온종일 거기에만 신경 쓰며 살고 싶지는 않다. 따라서 이 걱정은 그냥 버리기로 했다. 지금까지는 세탁기가 내 반바지의 파멸을 막아주었지만, 언젠가 바지가 구제 불능 상태가 될 가능성은 여전히 있으며, 그날이 오면 멘붕 자원에서 16달러를 꺼내 새 바지를 살 것이다. 당분간 이 문제에 대한 걱정은 버리겠다.

4등급: 가능성 큼

- **해변에 놀러 가려고 계획한 날 비가 온다**
  내가 이것을 통제할 수 있는가? 날씨 자체는 '절대' 통제할 수 없다. 그리고 날씨 예측은 맞는 일이 '거의' 없다. 일기예보 앱을 차라리 깡통 두 개를 실로 이은 장난감 전화로 만드는 게 나을 것 같다. 이 문제는 (발생 가능성이 큰데도) 걱정하는 게 아무 의미 없는 완벽한 사례다.

5등급: 불가피함

- **내 고양이들이 무지개다리를 건넌다**
  내가 이것을 통제할 수 있는가? 없다. '평균수명'이란 말이 괜히 있는 게 아니다. 이 일을 걱정하는 데 내 멘붕 자원을 써야 할까? 절대 아니다. 나는 그동안 반려동물 몇 마리를 하늘로 보내는 경험을 했고 그때마다 힘들었다. 그런 일이 또 일어난 다면 당연히 슬프겠지만, 동시에 차분히 대처할 것이다. 화장 한 유골을 어디에 둘지, 또는 죽은 아이를 박제해 남편의 완 강한 반대를 무릅쓰고 식탁 근처에 올려놓을지 말지 결정해 야 하는 날이 언젠가는 올 거라는 이유만으로 그 일을 미리 걱정하면서 내 주변에서 고양이 친구들을 없애기로 하는 짓 은 안 할 것이다.

이제 당신 차례다. 앞에서 당신이 만들었던 걱정거리 목록을 펼 쳐놓고 다음 질문을 생각해보기 바란다.

- 나는 이것을 **통제**할 수 있는가?
- 아니라면, 그 사실을 **받아들이고 걱정을 버린 후** 멘붕 자원을 아낄 수 있는가?
- 걱정을 멈출 수가 없다면, **PHEW 기법에 멘붕 자원을 사용**할 수 있는가?

내가 걱정할 필요가 있을 수도, 없을 수도 있는 일 열 가지:
통제할 수 있는가?

_____   _____

등급 : _____   등급 : _____

통제할 수 있는가? [예] [아니요]   통제할 수 있는가? [예] [아니요]

_____   _____

등급 : _____   등급 : _____

통제할 수 있는가? [예] [아니요]   통제할 수 있는가? [예] [아니요]

_____   _____

등급 : _____   등급 : _____

통제할 수 있는가? [예] [아니요]   통제할 수 있는가? [예] [아니요]

_____   _____

등급 : _____   등급 : _____

통제할 수 있는가? [예] [아니요]   통제할 수 있는가? [예] [아니요]

_____   _____

등급 : _____   등급 : _____

통제할 수 있는가? [예] [아니요]   통제할 수 있는가? [예] [아니요]

이제 처음보다는 통제권을 가졌다는 기분이 좀더 드는가? 부디 그러길 바란다. 그리고 하루 중 수시로 던지는 '모든 걱정을 지배하는 절대 질문'이 당신 삶에 생기를 불어넣어 주었으면 좋겠다. 내 경우는 확실히 그랬다. 멘붕으로 인한 피폐한 심리 상태가 75퍼센트는 줄어들었다.

요즘 같은 시대에는 걱정거리를 등급별로 분류하고 자신이 통제할 수 없는 것을 마음속에서 지우는 전략이 특히 필요한 것 같다. 당신은 꾸준히 뉴스를 챙겨 보는 편인가? 뉴스 화면의 하단 자막에 '이건 말도 안 되는 미친 짓임'이라는 글자가 끊임없이 떠야 맞을 것 같은데, 그러지 않는 게 놀라울 따름이다. 아침에 눈만 뜨면 전 세계 사람들이 견뎌온 또 다른 타락과 퇴보가 밝혀지는 세상이니, 우리 모두 정신건강을 위해 적당한 방어기제쯤은 갖춰놓고 살아야 할 판이다.

하아, 오늘도 뉴스를 보고 말았다

이 글을 쓰고 있는 2018년 현재, 세계 모든 사람에게 마음을 진정시킬 방법이 어느 때보다 필요하다는 사실을 알아차리는 데 석사학위 따위는 필요하지 않다. 그 집단 환각을 치료하느라 돈을 썼더라도 보험사에 청구하겠다는 생각은 하지 말아야 한다. 눈 하나 깜짝하지 않을 테니까. 당신도 알 것이다. 뉴스를 보면, 아니 트위터만 들여다봐도, 세계 모든 대륙에서 파시즘과 외국인 혐오와 해수면 상승을 경험하고 있는 듯하다. 해수면은 상승하지만, 빙하와 꿀벌 개체 수와 시민적 자유는 감소하고 있다. 후유….

실제로 전쟁이나 전염병, 기상이변, 실망스러운 문화적 퇴보가 과거보다 요즈음 더 많이 일어나는 건지 어떤지는 모르겠지만, 한 가지 확실한 것은 우리가 그것들을 과거에 비해 더 '쉽게 인지할 수 있다는' 점이다. 기술 발전 덕에 학교 총기 난사 사건이나 테러 공격, 선거 개입, 또는 서구 문명을 파괴하려고 작정한 사악한 독재자들의 회동을 거의 실시간으로 알 수 있기 때문이다.

참, 그리고 여성의 신체적 자기결정권도 끊임없이 위협받고 있다. 계속 한숨만 나올 따름이다. 이 책을 통해 나는 당신이 이런 문제에 대처하는 것을 작지만 의미 있는 방식으로 돕고 싶다.

어떻게 해야 할까? 나는 알 것은 아는 국민과 필요할 때 분노하는 국민이 중요하다고 생각하기에 '전면적인 타조 모드', 그러니까 뉴스를 아예 보지 않는 것을 옹호할 수는 없다. 그렇다면 자신이 통제할 수 없는 사건에 대해 가끔씩 가볍게 타조 모드로 들어가는 것은? 그건 괜찮다고 본다. 이따금 베개에 얼굴을 박고 엉덩이를 공중으로 쑥 내밀어라. 그리고서 목이 터지라 소리를 지르며 화를 뱉어내면 속이 꽤 후련해진다. 물론 기분이 내키면 그렇게 하란 얘기다.

그런데 만일 분노를 뭔가 생산적인 행동으로 연결할 수 있으면 훨씬 더 좋다. 당신 아이의 미래를 망치고 있는 지배계층의 어떤 꼰대라고 상상하면서 눈에 띄는 플라스틱 용기를 벽에다 집어 던진 후, 잘 챙겨 재활용품 봉지에 갖다 버리는 것이다. 가부장제는 박살 내도 지구는 살려야 하니까.

날마다 쏟아지는 짜증 나고 끔찍한 뉴스의 홍수 속에서 당신이 느낄 수 있는 **무력감에 대응하는 다른 방법들도 있다.** 밤마다 잠자기 전에 페이스북 뉴스피드만 들여다보다가 이가 몽땅 빠지는 꿈을 꾸는 대신, 지금부터 소개하는 방법을 활용해보면 어떨까?

나는 효과를 본 방법들이다. 그리고 어차피 무너지는 민주주의와 심각해지는 기후변화에 대한 내 실망감은 지금보다 더 심해질 수도 없다.

속 터지는 세상에서 마음의 평정을 되찾는 팁 다섯 가지

정보에 대한 노출 줄이기

알 것은 아는 국민이 되기 위해 아침을 먹을 때도, 화장실에서도, 실내운동용 자전거 위에서도, 출퇴근길에도, 그리고 잠자기 직전까지 정보를 모을 필요는 없다. 하루에 한 번만 뉴스를 챙겨도 필요한 정보는 충분히 얻을 수 있고 그러면서 혈압은 올리지 않을 수 있다.

균형 잡기

스물네 시간 흘러나오는 뉴스를 피할 수 없다면, 〈워싱턴포스트〉 트윗을 한 번 볼 때마다 당신의 스트레스를 완화해줄 계정을 추가해 팔로우해라. 나는 @PepitoTheCat을 추천한다. 프랑스에 사는 어떤 고양이가 자기 전용문으로 나가고 들어오는 모습이 담긴 흑백 사진과 함께, '페피토 외출함' 또는 '페피토 집에 돌아옴'이라는 문구와 시간이 적혀 있다. 나는 잠자기 전에 페피토의 피드를 들여다보길 좋아한다. 어찌 보면 양을 세는 것과 비슷하지만, 사실은 똑같은 프랑스 고양이를 계속해서 세는 것이다. 마음이 굉장히 느긋해진다.

파고들어 제대로 알기

얼핏 생각하면 말이 안 되는 것 같지만, 당신에게 가장 큰 근심을 안겨주는 시사 이슈를 깊이 파고들어 제대로 이해하면 편집증적 망상을 제거하는 데 도움이 될 수 있다. 예를 들어 미국 '핵 가방'의 실제 작동 절차를 조사해보고 미국 대통령이 평소 암호를 외우고 있다가 수 틀리면 곧장 핵 공격을 개시할 수 있는 게 아니라는 사실을 알게 되면, 버섯구름을 만들어내는 그 엄청난 사건이 언제라도 곧 일어날까 봐 걱정할 필요가 없다.

글로 적기

분노를 담은 편지를 쓰면(예컨대 글로벌 리더나 지역 의원, 또는 도덕적으로 혐오스러운 전미 총기협회 대변인 데이나 로시를 향해) 마음속 화를 덜어낼 수 있다. 들끓는 생각들을 머리에서 꺼내 종이에 옮겨놓는 행위가 마음을 진정하는 데 효과가 있음은 과학적으로도 입증됐다. 편지를 쓰는 행위만으로도 그런 이로움을 얻을 수 있지만, 우표 한 장 값만 들이면 해당 상대방에게 보낼 수도 있다. 그러면 그들의 우편함을 분노의 편지로 넘쳐나게 할 수 있고, 그건 그들에게 죽기보다 싫은 끔찍한 일일 것이다.

좋은 일 하기

세상 돌아가는 꼴을 보면서 내가 할 수 있는 게 없다는 무력감이 들 때, 나는 대의를 위해 기부하면서 위안을 얻는다. 재난구호기금이나 지역 자선단체에 기부를 하든, 또는 그저 도움이 필요한 어떤 한 사람을 돕든 말이다. 내가 누군가는 못 누리는 재정적 특권을 자랑하는 것 같은가? 맞다. 그러나 멘붕 자원을 그런 곳에 쓰면 기분이 한층 좋아지고 '동시에' 나보다 힘든 누군가를 도울 수 있다. 한마디로 일석이조다. 그리고 '기부'의 수단이 꼭 현금일 필요도 없다. 당신에게는 돈 말고 다른 자원도 있다. 담당 공무원에게 전화해 비인도적인 이민정책에 대해 항의하거나, 가족계획협회에서 자원봉사를 하거나, 강렬한 문구를 적은 피켓을 들고 시내 중심가를 힘차게 행진하는 데 시간과 에너지를 쓰면 밤에 꿀잠을 자는 데 도움이 될 것이다.

앗, 또다시 걱정을 미리 사두고 있는가?

이제 우리는 이번 장 후반부에 접어들었다. 나는 당신이 이미 깨달았으리라고 믿는다. **합리적이고 이성적으로 볼 때 당신이 걱정하는 일의 상당수가 일어날 가능성이 작다는 사실** 말이다. 그리고 PHEW 기법을 쓰면 발생 가능성이 큰 일도 덜 나쁜 사건으로 만들 수 있다는 사실 역시 알고 있으리라 믿는다. 하지만 아직 안심하긴 조금 이르다.

이 점도 꼭 경고해둬야겠다. **당신은 자신을 속여서 '생산적이고 유용하고 효과적인 방식으로 걱정하기'를 하고 있다고 믿을**

수도 있다. 사실은 불행 폭풍을 스스로 초래하고 있으면서.

어떤 상황을 실제보다 더 나쁘다고 믿으며 걱정하는 것을 심리학 용어로 '파국화(catastrophizing)'라고 한다. 나는 당신이 현재 걱정하는 일이나 괴로움의 강도에 토를 달지 않겠다고 말했고, 나 역시 "뭘 그런 걸 걱정해!"라며 내 걱정을 가벼이 여기는 사람들이 죽도록 싫다. 하지만 **만일 당신 마음속에서 파국화의 과정이 진행되면 당신 자신이 파국을 자초할 수도 있다.** 이것만큼은 꼭 경고하고 싶다. 그렇다. 당신은 불행 폭풍을 먼바다로 보내버리는 주체가 될 수도 있지만, 5등급 사건이 느닷없이 일어나게 하는 장본인이 될 수도 있다.

예를 들어보겠다. 친구 앤디가 시카고 컵스의 내일 저녁 경기 티켓이 남는다며 당신에게 주기로 해놓고선 계속 연락이 없다. 당신은 앤디가 특별한 기미를 보인 적이 없음에도 혹시 당신한테 삐친 게 아닌가 하고 편집증적으로 걱정한다. 그리고 결국 이런 문자를 보낸다. "혹시… 저번에 내가 사이언톨로지교 가입 신청서에 네 이메일 주소를 적어서 화가 난 거야? 미안해. 헬스클럽에서 나올 때 그 사람들이 날 에워싸는 바람에 갑자기 너무 당황해서 그랬어. 내가 잘못했어."

앤디는 당신에게 화난 적이 없을지도 모른다(다만 사이언톨로지교의 이메일 발송 대상 명단에서 빠져나오는 방법을 알아보느라 바빴을 뿐).

하지만 이젠 정말로 화난 상태가 된다.

만일 당신이 가능한 모든 정보와 단서를 동원해 곰곰이 생각해봤다면, 이메일 주소를 제공한 범인이 당신임을 앤디가 알 방법이 없다는 사실을 깨달았을 것이다. 만일 당신이 과대망상에 가까운 걱정에 휩싸여 문자를 보내지 않았다면, 앤디는 당신과 사이언톨로지교를 연결해볼 생각조차 못 했을 것이고, 그러면 당신은 쾌적한 박스석에서 맛있는 피자와 함께 경기를 즐길 수 있었을 것이다. 당신과 앤디 사이의 우정에는 아무 이상이 없었을 테니까. 하지만 과대망상에 빠져 지나치게 걱정한 탓에 결국 집에서 배달 피자를 우적거리며 TV로 경기를 보게 된다.

또는 어떤 일의 발생이 이미 '불가피해진' 상황에서 당신의 행동 때문에 그 일의 발생 시점이 크게 앞당겨지거나 여파가 훨씬 더 커질 수도 있다.

한편으로 생각해보면 걱정 많은 내 타고난 성향에는 좋은 점도 있다. 계획을 짜지 않는 경우 맞이할 결과나 위험이 상상돼서 미리 계획을 세우게 되기 때문이다. 미리 대비하고, 예정된 시간에 늦지 않고, 전반적으로 내가 하는 일을 잘 관리하는 데 도움이 된다.

그러나 가끔은 걱정과 그것이 초래하는 생각 과잉이 저 혼자는 절대 쓰러지지 않았을지도 모를 도미노를 쓰러트린다. 그러면 나는 바닥에 있는 도미노 패들을 수습해야만 한다.

신비의 알약은 개뿔!

대학 3학년 기말고사 기간이었다. 나는 시험공부도 하고 과제물도 완성해야 했는데, 시간과 에너지가 부족했다. 마지막 남은 에세이를 위한 자료조사는 다 해놓았는데 에세이 작성은 아직 못한 채 어느새 제출 마감일이 하루 앞으로 다가왔다. 1990년대 말 모델의 데스크톱 컴퓨터가 꾸짖는 표정으로 나를 쳐다보고 있었다.

나는 정신적 · 육체적으로 녹초가 되어 있었다. 닳아서 너덜너덜해진 밧줄이 된 기분이었다. 시간이 별로 안 남은 것은 물론이거니와 에세이를 완성해낼 힘도 남아 있지 않았다. 하지만 본래 성취욕 강하고 규칙 준수를 중요하게 여기는 나로서는 과제물을 제시간에 제출하지 않는다는 것은 상상도 할 수 없는 일이었다. 어떻게든 프린터로 출력한 에세이를 들고 아침 9시까지 교수님 방에 찾아가야 했다. 마지막 에세이의 기한을 연장해달라고 간청할 수도 없었다. 그거야말로 미친 짓이었다.

사실 나는 얼마 전부터 그 과제물을 망칠 경우 일어날 일을 걱정하면서 살짝 미쳐가기 시작했다. 그리고 점점 마감이 임박하면서 멘붕에 빠진 나머지, PHEW 기법의 일환이라고 착각한 채 최악의 결정을 내렸다.

'하버드 학부 세미나의 마지막 성적에서 25퍼센트를 차지하는 에세이를 쓸, 얼마 안 되는 남은 시간 동안 잠이 들어버리면 어떡하지?'

나는 친구한테서 '신비의 알약' 두 알을 건네받았다. 친구는 말했다. "이거 먹으면 잠도 안 오고 집중력에 도움이 될 거야!"

결과는 이랬다. 잠은 안 왔지만, 집중력에는 눈곱만큼도 도움이 안 됐다. 새벽 무렵 머리는 완전히 바보처럼 멍해진 데다 기운도 없었고 절망에 빠졌다. 에세이를 제시간에 제출하지 못할 게 '확실'하다는 걸 깨닫고는 한 시간쯤 엉엉 운 후였다. 신비의 알약을 삼키고 나서 열 시간 동안 걱정과 불안이 풍선처럼 점점 부풀고, 심장은 계속 쿵쾅대고, 키보드 위의 손가락들이 떨리고, 기숙사 방에서 계속 이리저리 서성거렸다.

이젠 알약 말고 다른 것을 삼켜야 할 때였다. 바로 내 자존심을.

나는 코를 훌쩍이면서 교수님한테 이메일을 보냈다. 할머니가 돌아가셨다거나 심각한 건염이 생겼다는 거짓말을 지어내 내 죄를 두 배로 만드는 대신 그냥 솔직하게 말하기로 했다. 시간 관리를 제대로 못 해서 궁지에 몰렸고, 각성제가 주는 에너지에 의지해 그 실수를 만회하려고 시도했다고 말이다. 죄송하고 부끄럽다고, 조리 있는 주장이 담긴 15쪽의 글이 아니라 뭔 소린지도 모를 4쪽의 글밖에 못 썼다고 고백했다. 그러고 나서 침대에 풀썩 쓰러졌다.

교수님은 거친 말로 꾸짖거나 화를 내지도, 나를 퇴학시키겠다고 엄포를 놓지도 않았다. 그저 별다른 감정 표현 없이 사무적으로 그 상황을 대했다. 교수님은 내게 추가 시간을 주면서, 어떤 성적이 나오든 마감을 지키지 못한 것 때문에 1점이 깎일 거라고 설명했다. 그러니까…, 내가 상상했던 것보다 훨씬 쉽게 해결됐다.

물론 내게는 에세이 끝내는 일이 여전히 남아 있었다. 그러나 나는 에세이 걱정 때문에 최악의 결정을 내림으로써 스스로 초래한 고통의 밤을 감내해야만 했다. 만일 애초에 차분한 상태를 유지했다면 마감일은 못 맞췄을지라도 솔직하게 기한 연장을 요청했을 것이다. 그러면 밤에 잠을 푹 잤을 것이고, 다음 날 맑은 머리로 에세이를 썼을 것이며, 울면서 불안하게 서성대고 몸을 떠느라 열 시간을 보내지도 않았을 것이다. 무엇보다, '각성제를 먹었다'고 고백하는 이메일을 새벽 6시에 교수님한테 보내지 않아도 됐을 것이다.

마음 평정 찾기 시나리오

다음 장으로 넘어가기 전에 이번 장에서 소개한 모든 팁과 기술을 확실히 이해시키고 넘어가고 싶다는 욕구를 참을 수가 없다. 뭐랄까, 가끔 나는 전문가 행세를 하고 싶어 안달이다.

지금부터 특정한 가정 상황을 예로 들어 마음의 평정을 확보하는 법을 보여주겠다. 그 과정은 이렇다.

- 잠재적 사건의 등급과 상태를 판단한다.
- 그 일에 당신이 얼마만큼 통제력을 발휘할 수 있는지 생각해 본다.
- 현실을 받아들인다.
- 통제할 수 없는 부분과 관련된 걱정을 버린다.
- 통제할 수 있는 부분의 결과를 방지하거나 완화하거나 관련 대비책을 세우는 데 멘붕 자원을 현명하게 사용한다.

그리고 문제 대처 과정도 살짝 보여줄 것이다.

곧 당신의 결혼식이다. 그런데……

이런 상황을 가정해보자. 당신에게 사촌 둘이 있다. 이름은 르네와 줄리. 최근에 르네는 간접적으로 표현하긴 했지만 줄리를 겨냥한 것이 틀림없는 고약한 글을 페이스북에 올렸다. 그런데 그 둘이 조만간 마주칠 예정이다. 바로 당신의 결혼식장에서.

어째…, 슬슬 불안해지기 시작하는가?

우리의 스토리를 이어가기 위해 일단 당신의 답을 '예'라고 가정한다면(본래 결혼식이란 가족 간의 갈등과 스트레스가 불거지는 행사 아닌가), 이제 모종의 결정을 내려야 한다.

당신은 결혼식 피로연 동안 르네와 줄리가 주차장에서 치고받기 시작하면 어떡하나 걱정하느라 시간과 에너지를 소비하다가 분노와 불안이 뒤섞인 멘붕에 빠질 수도 있다. 하지만 그래봐야 그 일을 막을 수도 없고 문제에 대처하는 데에도 전혀 도움이 안 된다.

대신, 당신 내면의 '여부 예보관'을 깨워서 가능한 모든 정보를 취합해보자. 예컨대 이런 것을 생각해본다.

- 지금까지 르네와 줄리 사이에 무슨 일들이 있었는가?
- 이런 싸움이 전에도 일어난 적이 있는가?

- 두 사람은 술을 마시고 잘 흐트러지는 편인가, 아닌가?

이런 합리적이고 이성적인 질문들의 답을 생각해보면 두 사람이 싸움에 돌입하는 일이 '발생 가능성 매우 작음, 일어날 수도 있지만 가능성 작음, 가능성 있음, 가능성 큼, 불가피함' 중 어디에 속하는지 판단할 수 있다.

그리고 또 누가 알겠는가? 르네와 줄리는 당신의 혼인서약을 듣고 뭔가 느낀 나머지 자기들도 앞으로는 사이좋게 지내기로 '서약'할지도 모른다. 뷔페 테이블에 소시지 빵이 나오기도 전에 서로 끌어안으며 화해할지도 모를 일이다. 어쩌면 둘 중 한 명이 당신을 위한 결혼 선물로 적극적인 화해의 제스처를 보일지도 모른다.

나야 확실히 알 수 없다. 나는 두 사람을 모르니까. 하지만 '당신'은 안다. 당신만의 발생 가능성 측정계를 작동시켜 둘의 몸싸움이 어느 등급에 속하는지 이성적으로 추측해봐라. 그리고 거기에 따라 멘붕 자원의 사용 계획을 짜라.

시나리오 1

르네와 줄리는 평소 온라인에서 서로에게 부정적인 댓글 달기를 밥 먹듯이 한다. 그리고 지금까지는 그것 때문에 치고받고 싸운 적이 없다. 보통 두 사람은 잔뜩 경계하는 고양이처럼 서로의 주위를 뱅뱅 돌기만 하고, 래퍼 니키 미나즈(Nicki Minaj)의 노래에 맞춰 춤을 추는 것을 좋아한다는 점만큼은 잘 통하며, 칵테일이 석 잔쯤 들어가고 나면 모든 게 용서되곤 한다.

발생 가능성 측정계 결과: 1등급 또는 2등급(발생 가능성 매우 작음 또는 일어날 수도 있지만 가능성 작음)

- 일어날 확률이 낮은 일을 걱정하는 것은 귀중한 멘붕 자원을 낭비하는 짓이다. 당신도 당연히 알 것이다. 만일 그 일이 일어

나지 않는다면 괜히 시간과 에너지, 돈만 낭비한 꼴이 된다. 그리고 만일 '실제로' 일어난다면 자원을 두 배로 소비하게 된다. 걱정과 불안에 떠느라 이미 자원을 썼고 이제는 상황에 대처하는 데에도 써야 하니까. 요컨대 당신은 결혼식 날 발생할지도 모를 다른 사고를 위해 멘붕 자원을 아껴두는 편이 낫다.

시나리오 2

르네와 줄리는 항상 복잡 미묘한 관계였는데, 지난해 줄리가 한 대화방에서 르네를 차단해버린 이후로 관계가 한층 불안해졌다. 둘 사이에는 얼음처럼 차가운 기류가 흐른다. 물론 르네의 속마음을 100퍼센트 알 수는 없지만 그냥 가만히 있을 성격은 아니다.

발생 가능성 측정계 결과: 3등급 또는 4등급(가능성 있음 또는 가능성 큼)

- 가능성이 크다고 느껴진다면 그 일의 발생 시점도 웬만큼 가늠되기 마련이다. 3등급이나 4등급이라면 '상태'도 체크해봐야 한다. 그것이 '먼 일'인가, 아니면 '임박한 일'인가? 즉 결혼식까지 몇 주가 남았는가, 아니면 결혼식 당일 아침인가? 상

태를 체크하면 그 일을 예방하거나 완화하는 데 멘붕 자원을 얼마나 빨리 사용해야 하는지 알 수 있다.

- 그러나 자원을 쓰기 전에 먼저 이 질문을 던져야 한다. '나는 이 일을 통제할 수 있는가?'

만일 답이 '통제 불가능함'이라면(예컨대, 르네와 줄리는 지금껏 당신 말을 들은 적이 단 한 번도 없으니 이번이라고 다를 리가 없다), 그 걱정을 벗어버려라. 사촌들 때문에 결혼식장이 엉망이 될 것을 상상하면서 시간과 에너지와 돈을 낭비하지 마라. 그래야 두 여자가 핸드백을 냅다 집어 던지고 공격성을 표출하는 상황이 실제로 벌어졌을 때, 그 상황을 수습할 시간과 에너지와 돈이 당신에게 남는다.

만일 답이 '통제할 수 있음' 또는 '이 일에 상당한 영향력을 발휘할 수 있음'이라면(일테면 결혼식장에서 말썽을 피울 경우 칵테일을 못 마시게 될 거라는 위협이 사촌들에게 잘 먹히리라는 걸 당신이 안다면), 그들에게 이메일을 보내 결혼식 날 소동을 피우면 피로연 때 술을 마실 수 없는 '음주 금지 인물'로 지정할 거라고 진지하게 알려라. 이게 바로 PHEW 기법이다.

시나리오 3

르네와 줄리는 3년 전 당신 오빠의 주 챔피언십 풋볼 경기를 보러 가서 주먹다짐을 벌이며 싸웠고, 자기들 엄마의 70세 생일파티에서는 물에 빠트려버리겠다며 서로 연못으로 질질 끌고 갔다. 그러니 당신의 결혼식장이라고 해서 안전하리라는 보장이 전혀 없다. 둘은 서로를 못 잡아먹어 안달이다. 두 사람의 남편들은 싸움에서 누가 이길지를 놓고 내기까지 하고 있다. 싸움이 일어날 것은 불 보듯 뻔하다. 물론 이것은 당신이 두 사람의 초대를 취소하지 않았다는 가정하에 하는 말이다. 초대를 취소하는 것은 가장 확실한 PHEW에 해당하겠지만, 그러면 나는 이 가상 스토리의 골치 아픈 결말을 독자에게 소개할 수가 없을 테고, 그러면 하나도 재미가 없을 것이다.

발생 가능성 측정계 결과: 5등급 (불가피함)

- 나는 당신이 걱정하는 심정을 충분히 이해한다. 그런 불안감을 느끼는 것은 인지상정이고 게다가 다른 날도 아닌 바로 당신의 '결혼식' 날 아닌가. 한편 그 일이 불가피하게 일어날 수밖에 없고 당신이 통제할 수도 없다면, 일단 그 사실을 받아들이고 걱정을 잊는 편이 낫지 않겠는가? 결과를 수습하는 데

멘붕 자원을 꼭 써야 하는 순간이 오기 전까지는 말이다.

- 게다가 르네와 줄리의 대격돌이 PHEW 기법으로 방지할 수 있는 수준을 넘어선 것이라면, '무조건 걱정을 버려야' 한다. 당신은 인생에서 가장 중요한 행사 중 하나를 앞두고 있다. 결혼식이 석 달 후든 세 시간 후든, 그 짜증 나는 일에 대한 걱정은 지금 당신에게 불필요하다.

- 당신이 아무리 용을 쓴대도 그것과 상관없이 사촌들은 '주차장 빅 매치'를 준비하고 있다는 사실을 인정해라. 현실을 받아들여라. 그리고 실제로 일이 벌어지면 그때 가서 대처해라. 지금 당장은 멘붕 자원을 쓰지 마라. 일이 터졌을 때 시간과 에너지와 돈을 써야 할 테니까. 당신에게는 화장실에 가서 마음을 가라앉힐 시간과 둘의 초대를 취소하지 않은 자신을 자책할 에너지, 웨딩업체에 물어줄 깨뜨린 그릇 값이 필요할 것이다.

이제 드디어 2장 끝이다!

참, 아직 아니다. 너무 단순화한 것처럼 보일지 몰라도 굉장히 유용한 그림이 당신을 기다리고 있다. 맞다, 바로 걱정 탈출 흐름도다.

걱정 탈출 흐름도

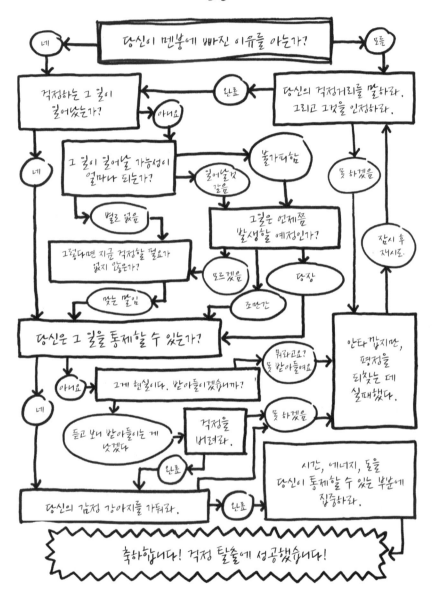

당신이 멘붕에 빠진 이유를 아는가?

네 / 모름

걱정하는 그 일이 일어났는가?

당신의 걱정거리를 말하라. 그리고 그것을 인정하라.

아니요

그 일이 일어날 가능성이 얼마나 되는가?

놀가피함

못 하겠음

일어날 것 같음

별로 없음

그 일은 언제쯤 발생할 예정인가?

그렇다면 지금 걱정할 필요가 없지 않은가?

잠시 후 재시도.

모르겠음 / 당장

맞는 말임

조만간

당신은 그 일을 통제할 수 있는가?

안타깝지만, 평정을 되찾는 데 실패했다.

뭐라고요? 못 받아들여요

아니요

그게 현실이다. 받아들이겠습니까?

네

듣고 보니 받아들이는 게 낫겠다

걱정을 버려라.

못 하겠음

반표

시간, 에너지, 돈을 당신이 통제할 수 있는 부분에 집중하라.

당신의 감정 강아지를 가둬라.

반표

축하합니다! 걱정 탈출에 성공했습니다!

3장

지금은 이성 고양이가
움직여야 할 때다

통제할 수 있는 문제에 집중하라

드디어 3장에 진입했다. 이제 앞에서 익힌 모든 내용이 최종 시험대에 올라가게 된다. 즉 **당신이 걱정하는 문제에 대처하는 단계**다. 3장의 목적을 위해 우리는 그 일이 이미 일어났다고 가정할 것이다. 축하한다, 이제 고생길 시작이다.

지금까지는 걱정을 분석했다. 멘붕의 증상과 결과를 보다 확실히 이해하는 과정이었다. 또 걱정을 떨쳐내는 법을 배웠다. 통제할 수 없는 것은 걱정하지 않기, 그리고 이왕이면 보다 효과적으로 걱정하기를 배웠다. 내면의 불안과 싸워 이기고 실제로 일어나는 나쁜 일을 견뎌내기 위한 준비 단계인 셈이다.

앞에서 우리는 머릿속 공간 정리에 대해 충분히 익혔다. 당신은 '1단계: 버리기'를 통해 비생산적 걱정들을 버렸으므로 '2단계: 정리하기', 즉 나머지 부분과 관련된 행동에 집중하기에 사용할 멘붕 자원이 충분히 남아 있다. 머릿속 공간 정리는 텔레마케터에게 걸려온 전화를 끊어버리는 것과 비슷하다. 일단 한번 익히면 평생 써먹을 수 있는 기술이다.

3장에서는 **문제 대처의 세 가지 단계**를 소개한다. 이것은 설문조사에서 '불행 폭풍을 만났을 때 활용할 효과적인 대응법이 있었으면 좋겠다'라고 대답한 75퍼센트의 사람들을 돕기 위해 만든 것이다. 장담하건대, 당신은 이 세 가지 단계만 기억하면 된다.

또한 RIO(Realistic Ideal Outcome), 즉 현실적이고 이상적인 결과를 확인하는 과정을 설명할 것이다. 이것을 알면 당신은 의심스러운 목적지로 이어지는 토끼 굴을 따라가느라 시간, 에너지, 돈, 호의라는 자원을 낭비하지 않아도 된다. 내가 처방하는 실용주의는 이것이다. '배웠으면 배운 대로 실천해라.'

마지막 부분은 배운 모든 팁을 실제로 적용하는 과정이다. 이 장 끝부분에서는 골칫거리 목록을 소개한다. **이미 벌어진 일의 다양한 사례를 통해 논리적이고 이성적인 마인드로 상황에 대처하는 과정을 보여줄 것이다.** 일터에서의 사고, 부부간 불화, 기회를 놓친 상황, 자연재해, 팔다리가 부러진 일, 마음에 상처를 입는 일, 꿈이 좌절되는 상황 등을 살펴본다. 장담하건대, 꽤 재밌을 것이다.

물론 책 한 권으로, 또는 골칫거리 목록으로 인생의 모든 나쁜 일에 완벽히 대비할 수는 없다. 그렇지만 이 책에서는 당신이 결코 원하지도 선택하지도 않았지만 이 불공평한 삶이 당신에게 던져놓은 **불행 폭풍에 생산적으로 대응하는 도구**를 알려줄 것이다. 당신이 할 일은 그것을 **인정하고 받아들이고 현명하게 행동하는 것**이다. 이 장의 마지막 페이지를 넘길 때쯤엔 그럴 준비가 확실히 돼 있을 것이다.

문제에 대처할 기회는 누구에게나 있다

'문제에 대처하다'는 나쁜 일이 일어났을 때 당신이 취하는 다양한 행동, 그리고 당신이 만들어내는 다양한 결과를 아우르는 말이다. 그 결과들 중 가장 상위에는 **'완전 복구'**가 있다.

예를 들면 이런 거다. 당신이 최신 아이폰을 버스에 두고 내렸다. 하지만 곧장 그 사실을 깨닫고 버스를 향해 사냥개처럼 미친 듯이 달렸고, 하늘이 도와 신호등 빨간불이 켜진 덕분에 버스를 따라잡은 후 문을 탕탕 두드려 "안에 제 휴대전화를 놓고 내렸어요!"라는 의사를 무사히 전달해 아이폰을 다시 손에 넣었다. 문제 해결. 당신의 상황은 휴대전화를 두고 내리기 전과 똑같이 완전히 복구됐다.

그 밑에 있는 것은 **'차선의 대안'**이다. 당신은 아이폰을 버스에 두고 내린 후 되찾지 못해서 새 아이폰을 사야 했다. 문제에 대처는 했지만, 한 번의 실수 때문에 꽤 많은 멘붕 자원을 썼다. 앞으로 한 2년간은 외식비를 줄여야 할 것 같다.

아니면 지금 당장은 아이폰을 살 여유가 안 되므로, 멍청이 같은 실수를 실컷 자책하고 나서 마음을 가다듬고 이베이에서 아이폰 리퍼 제품을 구입한 후 원래 일상으로 돌아간다. 만일 대체 스마트폰을 장만할 여력이 전혀 안 된다면, 전자제품 매장에서 인터넷 연결도 안 되는 싸구려 선불폰을 산 후 일주일 동안 당신의 모든 페이스북 친구들에게 연락처 정보를 다시 알려달라는 요청을 한다. 멘붕 자원도 썼고 친구들에게 약간의 호의도 빚졌지만 적어도 당신은 일상생활로 돌아왔다.

더 밑에 있는 것은 **'기본 생존'**이다. 당신은 백수라서 빠듯한 생활비로 살고 있다. 새 휴대전화를 살 여유가 도저히 안 된다. 얼마 전 면접을 본 회사에서 오는 연락을 못 받을까 봐 불안해 죽겠다. 바보 같은 실수를 한 자신에게 화가 난다. 하지만 이 책의 앞 내용을 이미 읽었으니, 교묘한 마음 재주를 활용해 기운을 되찾을 수 있을 것이다. 초점을 걱정거리 대신 다른 곳으로 전환하고, 한 발짝 떨어져 이성을 찾고, 문제를 마주해라. 어떻게 하는 건지 당신도 이미 알고 있다.

당신은 그 값비싼 실수가 부서지기 일보 직전인 자신의 마음과 재정 상태를 더 무너트리도록 놔두는 대신, 다른 해결책을 찾아본다. 일테면 호의 계좌에서 약간을 인출해 사용한다(최근 당신은 앞에서 소개한 셰리처럼 허구한 날 큰일 난 듯 호들갑을 떨지는 않았으므로 다행히 계좌 잔고는 충분하다). 친구나 친척에게 안 쓰는 옛날 휴대전화가 있는지, 개통해서 당신이 써도 되는지 물어보는 것이다. 면접 본 회사에는 사정이 있어 이력서에 기재한 번호로는 당분간 연락이 안 된다고 알리고, 연락할 일이 있으면 이메일로 해달라고 요청해둔다. 또는 크라우드펀딩으로 당신을 위한 모금을 시작할 수도 있다. 아니면 입던 것 중에 상태 좋은 옷을 중고물품 거래 사이트에 올리거나. 수입은 적어도 정직하게 돈 버는 방법 중 하나다.

물론 휴대전화 분실은 발생할 수 있는 수만 가지 엿 같은 일들 중 하나일 뿐이다. 그리고 어쩌면 당신은 최신형 아이폰이 너무 비싸서 애초에 사지 못했을 수도 있다. 또는 당신에게는 결코 해결하기 쉽지도 않고 미쳐 돌아버릴 만큼 짜증이 솟구치는 엄청난 문제인데, 내가 자기 일 아니라고 너무 쉽게 말한다고 느낄지도 모르겠다. 나도 안다. 사람마다 각자 상황도 다르고 갖고 있는 자원의 양도 천차만별이라는 것을. 어쩌면 당신은 버스를 뒤쫓아가고 싶은 마음은 굴뚝같아도 엉덩이 수술을 한 지 얼마 안 돼서 달리기를 할 수 없었을지도 모른다. 그런 경우라면 유감이다. 부디 빨리 회복하기를.

내가 하고 싶은 말은 이거다. 돌아버릴 만큼 짜증이 나는 일은 아이폰을 잃어버리는 일 말고도 9억 9,999만 9,999가지는 된다는 것이다. 하지만 거기에 대처할 방법은 '분명히' 있다. 당신은 꼭 새 아이폰을 사지 않아도 될 수도 있다. 또 어디선가 스티브 잡스 유령이 나타나 당신에게 세 가지 소원을 말해보라고 할지도 모르고, 그러면 베개에 머리를 처박고 울지 않아도 될 것이다.

**이 책의 목적은 당신이 상황을 헤쳐나갈 방법을 찾게 돕는 것
이다.** 마음을 진정하고, 결정을 내리고, 행동을 취하고, 문제를
해결하도록 말이다. 또는 적어도 멘붕으로 허우적대다가 행동
하지 '않아서' 문제를 더 악화시키지 않도록 말이다. 그러니 당
신에게 벌어진 엿 같은 일에 익숙해져라. 그 정도로 놀라긴 아직
이르니까.

터져버린 멘탈을 복구하는 3단계 기술

- '정신 차리기'는 **사전 행동**이고 언제나 해야 하는 일이다.
- '이미 일어난 일에 대처하기'는 **사후 행동**이다. 일이 벌어진
  한가운데서 당신이 해야 하는 행동이다.

'문제에 대처한다'는 것은 이런 것이다. 일테면 늦잠을 자서 비
행기를 놓쳤을 때 갖고 있는 돈과 수단을 최대한 동원해 비행기
티켓을 다시 사는 것. 저녁 식사에 초대한 친구들이 오기 전에
얼른 얼음을 사 오겠다며 남편은 슈퍼마켓에 가고 당신 혼자 집
에 있을 때 엉뚱한 도구로 치즈를 자르다가 손을 베었는데, 피를
너무 많이 흘려 주방 바닥에 의식을 잃고 쓰러져 설상가상 뇌진

탕까지 오면 큰일 나므로 상처를 신속히 지혈하는 것. 뭐, 꼭 내가 그런 경험이 있다는 얘기는 아니다.

걱정 탈출 기술의 2단계인 '대처하기'에는 그 나름의 기술과 도구가 필요하다. 걱정 마시라. 눈 깜짝할 새에 연마할 수 있으니까. '완전 복구'를 위해서든, 그저 '기본 생존'을 위해서든 다 사용할 수 있다.

문제 대처의 3단계는 다음과 같다.

- **상황 점검**

  당신이 지금 막 적군이 득실대는 땅에 도착했다고 치자. 당신에겐 뭔가 끔찍한 일을 당하기 전에 상황을 점검하고 판단할 시간이 조금밖에 없다. 이를 악물고 최대한 정보를 모아야 한다. 감정 강아지는 우리에 가둬라. 이성 고양이가 움직여야 할 때다.

- **현실적이고 이상적인 결과(RIO) 판단하기**

  엿 같은 일이 벌어졌을 때 '완전 복구'가 가능한 경우도 있지만 그렇지 않은 경우도 있다. 다시 말해, 통제할 수 없는 부분을 받아들이는 것은 마음을 진정시킬 때뿐만이 아니라 문제에 대처할 때도 필요하다. 막다른 골목에서 전속력으로 질주

해봐야 아무 데도 갈 수 없다. 현실적이고 달성 가능한 최종 목표를 염두에 두고 시작하는 편이 낫다.

- **트리아지**

  일단 불행 폭풍이 덮치고 나면 발생 가능성 측정계는 더 이상 쓸모가 없다. 그러나 당신은 여전히 긴급도에 따라 우선순위를 정할 수 있다. '트리아지(triage)'는 원래 응급 상황에서 치료 우선순위를 정하는 환자 분류 체계를 말한다. 당신이 응급실 간호사가 됐다고 생각해보자. 어떤 환자의 상태가 가장 심각한지, 어떤 환자의 생존 확률이 높은지(즉 당신이 개입하지 않으면 더 악화될 문제가 무엇인지, 해결할 확률이 가장 높은 문제가 무엇인지) 빨리 판단할수록 신속하고 효과적으로 보살필 수 있다.

지금부터 이 세 가지 기술을 하나씩 설명하겠다. 늘 그랬듯이 중간중간 예시도 섞어가면서.

상황 점검: 눈앞의 현실을 확인하라

방금 전 '적군이 득실대는 땅에 도착하다'라는 표현을 쓴 건, 엿 같은 일이 벌어질 때마다 내 기분이 꼭 그렇기 때문이다. 당신도 자주 느껴본 기분인가? 몸속에 두려움과 아드레날린이 똑같이 솟아난다. 절망적이긴 하지만 그렇다고 완전히 포기하기는 이른 기분이랄까. 그럴 땐 다음 행동이 중요하다. 만일 현명한 행동 방식을 택하면 완벽하게 탈출하거나(완전 복구), 탈출은 하되 부상을 입거나(차선의 대안), 적어도 내일 다시 탈출을 시도할 때까지 적들을 피해 다닐 수 있다(기본 생존).

나는 예전에 내가 운전 중인 자동차의 측면을 뭔가가 쾅 들이받았을 때 그런 기분을 느꼈다. 에어백이 터져서 매캐한 화약 냄새가 났는데 나는 그게 차가 곧 폭발할 조짐인 줄 알고 최대한 빨리 탈출하지 않으면 죽을 거라고 생각했다.

물론 나는 최대한 빨리 자동차에서 탈출했다. 하지만 나는 그런 긴박한 신체적 위험이 동반되지 않는 상황에서도 비슷한 기분을 느껴봤다. 안정된 직장에서 일하던 나를 살살 구슬려 자기네 회사로 끌어들인 상사가, 출근한 지 닷새 된 나한테 찾아와 자신이 회사에서 해고됐다면서 "사장님은 지난주에 당신의 채용을 결정할 때 이미 나를 자를 걸 염두에 두고 있었을 거야"라고 덧붙였을 때 말이다.

나는 이성 고양이가 되어 생각해봤다. 넋 놓고 가만히 앉아 있다가 나까지 해고당하기 전에 얼른 인사팀 담당자를 만나 얘기해볼까? 만일 내가 경영진 교체의 희생자가 된다면 퇴직금은 받을 수 있을까? 술을 퍼마시기 시작하기엔 너무 이른 걸까?

위기가 닥쳤을 때 상황을 신속하게 평가하고 다음으로 취할 최선의 행동을 판단하는 것은 너무나도 중요하다. 비행기를 탈 때마다 승무원들이 비상 탈출구의 위치를 숙지하라고 떠들어대는 이유가 뭐겠는가. 그리고 앞에서도 말했지만 그런 능력을 꼭 타고날 필요는 없다. 나처럼 얼마든지 연습해서 키울 수 있으니까.

다만, 이 점을 기억해라. 나는 다음으로 취할 최선의 행동을 신속하게 '판단'하라고 했다. 언제나 그 행동을 신속하게 '취해야' 하는 것은 아니다.

때로는 재빨리 행동을 취하는 것이 좋다. 예컨대 상사에 대한 뒷담화가 담긴 글을 바로 그 상사한테 지메일로 발송했다는 사실을 깨달았다면 미친 듯이 '실행 취소' 버튼을 찾아 눌러야 한다. 하지만 적지의 지형을 충분히 파악하지도 않은 채 행동하다가는 원래의 문제를 더 악화시킬 가능성이 크다. 낙하산을 타고 악당의 소굴에 떨어졌는데 그가 키우는 스라소니의 아침밥이 되고 싶지 않은 마음에 성급하게 아무렇게나 움직여서는 안 된다(참고로 스라소니는 야행성이다. 그러니 나라면 밤에는 최대한 살금살금 다니고 아침이 되면 탈출을 시도하겠다). 타조 모드가 돼서 아무런 행동을 하지 않아도 문제지만, 너무 성급하게 행동해도 인간 해시브라운이 돼서 녀석의 입속으로 들어갈 수 있다(아, 이 정도 표현을 구사하는 작가라면 퓰리처상 후보에 올라야 하는 거 아닐까).

상황을 신속하게 판단해라. 핵심 사실과 득실을 따져봐라. 상황을 점검하면 진정하는 데에도 도움이 될 뿐만 아니라 문제에 대처하기 위해 대략적인 계획도 그릴 수 있다.

최악의 상상을 문제 대처에 활용하기

일이 일어나기도 전에 최악을 상상하는 탁월한 재주가 있는가? 그렇다면 진짜로 일이 터져서 대처해야 할 때도 그 창의성을 활용할 수 있다. 일테면 당신이 공원에서 친구들이랑 농구를 하느라 정신이 팔린 사이에 근처에 놔두었던 배낭을 도둑맞았다고 치자. 당신 머릿속에는 가방에 든 물건들이 자동으로 촤르륵 떠오르면서 그 결과까지 생생하게 그려질 것이다.

신용카드: 그 도둑놈이 곧장 전자제품 매장으로 달려가 내 카드를 마구 긁으면 어떡하지?

약: 천식약이 없어서 꼼짝도 못 하게 되면 어떡하지?

체리향 챕스틱: 신용카드 분실 신고를 하려고 고객센터 직원이랑 통화하는 도중에 입술이 계속 마르면 어쩌나?

도서관 대출 도서: 존 그리섬(John Grisham)의 신간을 분실해서 벌금을 내야 하면 어떡하지? 게다가 주인공이 어떻게 됐는지

알 수가 없게 됐잖아!

부지런히 당신의 피해를 따져봐라. 그런 후엔 상황에 효율적으로 대처할 계획을 세워라.

현실적이고 이상적인 결과(RIO) 판단하기:
최악보다는 차악이 나은 법이다

'현실적'이라는 의미는?

방금 말한 배낭 시나리오에서 만일 10분 뒤에 도둑이 체포되고 가방 안의 물건도 전부 그대로 있다면, 야호! 완전 복구다.

하지만 그렇지 않다면, 대처 과정이 좀 짜증은 나겠지만 썩 나쁘지 않은 '차선의 대안'에 만족해야 할 것이다. 가방에 들어 있던 쓰레기 같은 물건들 대부분을 새로 산다. 그리고 푸석거리기만 하고 맛도 없는 블루베리 바는 어차피 버리려던 참이었다. 그게 블루베리인지 개미인지 구별도 안 갔다.

한편 만일 당신이 배를 타고 가다가 증조할아버지가 남기신 시계를 태평양 한가운데서 떨어트린다면, 이 문제의 완전 복구는 절대 불가능하다. 새 시계를 살 수야 있겠지만, 증조할아버지가 60년 동안 길을 들여 대대로 물려준 그 시계는 이미 없다. 당신이 할 수 있는 현실적인 최선은 신속하게 보험금 청구 절차를 밟는 것이다. 그것이 이 특별한 사건에서 RIO를 확보하는 최선이자 유일한 길이다.

'이상적'이라는 의미는?

모든 불행 폭풍은 다양한 현실적 결과를 생각해볼 수 있다. 그리고 그것이 '이상적인' 결과인지 아닌지는 당사자의 주관적 선호에 달려 있다.

예를 들어 결혼식을 한 달 앞둔 시점에 약혼녀가 온라인 소개팅 사이트에서 활발히 활동 중이라는 사실을 알게 됐다면, 당신에겐 여러 가지 현실적인 결과가 가능하다. 당신은 곧장 결혼을 취소할 수도 있고, 아니면 그냥 화해하기로 마음먹을 수도 있다. 당신은 그녀에게 따져 묻거나(또는 그러지 않거나) 그녀를 믿거나(또는 믿지 않거나) 그녀와 헤어질지 말지 생각해보면서(또는 생각해보지 않으면서) 상황을 판단한 후에 문제를 해결할 것이다.

또는 '전 애인'이 되어버린다면 해결하고 자시고 할 것도 없다. 어떤 게 이상적인 결과인지는 당신에게 달렸다.

어떻게 판단할까?

RIO를 판단하는 열쇠는 **자신에게 정직해지는 것이다.** 가능한 조처가 무엇인지, 자신이 원하는 게 무엇인지, 그 결과를 위해 실제로 자신이 할 수 있는 게 무엇인지, 통제할 수 없는 부분이 무엇인지 솔직하게 생각해봐야 한다.

새 신발을 사는 경우에 비유해보자. 디자인이 아무리 예뻐도 직접 신어봤을 때 발에 맞지 않는다면 의미가 없다. 예쁘지만 불편한 신발에 200달러를 쓰면 안 된다. 하룻밤 사이에 발 크기를 신발에 맞게 줄이는 기적은 불가능하다. 꽉 조이는 신발을 신고 온종일 돌아다니면 딱한 발가락들이 얼마나 고생할지 상상해봐라. 발에 물집이 생기고 피까지 날 테고, 절뚝거리며 집에 돌아오자마자 결국 그 신발은 신발장 구석에 처박히는 신세가 된다. **비현실적인 결과를 추구하면서 수준 이하의 판단력을 발휘하면 문제에 대처하기가 훨씬 더 어려워진다.** 현실적으로 생각해라. 자신에게 정직해져라. 그리고 현실적인 조처가 아니라고 생각되면 주저 없이 접어라.

트리아지: 가장 효과적인 처치부터 시작하라

우선순위 정하기는 내가 하는 모든 조언의 핵심이다. 신경 써야 할 것이 무엇인지 결정할 때도, 정신을 차려야 할 때도, 마음을 진정할 때도 우선순위를 결정하는 게 중요하다.

문제 대처에서도 마찬가지다. **트리아지는 우선순위 결정이라는 뜻을 위해 내가 특별히 택한 용어다.** 나는 가끔 독자들을 위해 이왕이면 좀 색다른 표현으로 극적인 느낌을 내길 좋아하는 사람이다.

아마 메디컬 드라마 〈그레이 아나토미〉에서 트리아지라는 말을 많이 들어봤을 것이다. 응급실의 침대 개수도 한정돼 있고 환자에게 응급처치를 하고 진통제를 놓고 환자용 변기를 비울 간호사의 수도 한정돼 있듯이, **당신의 개인적 응급 상황에 할애할 자원 역시 한정돼 있다.** 따라서 정신적 트리아지를 작동시키는 법을 알아야, 불행 폭풍이 갑자기 당신의 정신적 응급실의 문으로 몰려 들어올 때 제대로 대응할 수 있다.

앞서 소개한 '배낭 도둑맞는 사건'은 잠깐 맛보기였다. 이제 몇 가지 다른 사례를 통해 문제 대처 과정을 살펴보자.

보스턴에서 열리는 절친의 서른 번째 생일파티에 가려고 이미 집을 나섰는데 당신이 타고 갈 항공편의 운항이 취소됐다

- **상황 점검**

  지금 몇 시인가? 파티는 몇 시에 시작하는가? 목적지까지 갈 다른 대체 항공편이(또는 기차나 버스, 아니면 마침 그 방향으로 가는 착하게 생긴 운전자가) 있는가?

- **RIO**

  위 질문들의 답에 따라 파티 시간에 맞춰 도착하거나, 적어도 파티 후 클럽들을 돌며 노는 시간까지는 도착하는 일이 아직은 현실적으로 가능할 수도 있다. 또는 대체 항공편을 탄다고 해도 파티에는 어차피 참석도 못 하고 친구들이 새벽 5시에 나이트클럽에서 나와 비틀거리며 집으로 돌아갈 때쯤에야 도착하게 된다면, 차라리 보스턴행을 포기해 돈과 시간의 낭비를 줄이는 편이 나을 수도 있다. 어떻게 할지는 당신에게 달렸다. 당신에게 이상적인 결과는 어느 쪽인가?

- **트리아지**

  당신의 RIO에 맞춰 우선순위를 결정해야 한다. 다른 항공편을 알아봐서 타기로 한다면 돈과 시간을 써야 할 것이고, 환불 받은 비행기 표 값으로 나이트클럽에 전화해 친구들 테이블에 거하게 쏘고, 당신 집으로 돌아가는 택시비로 쓴다 해도 돈과 에너지를 써야 할 것이다. 어느 쪽을 택하든, 시간은 계속 흘러가고 있다. 그러므로 당신 마음속에서 무엇이 우선인지 빨리 결정해야 한다.

성적이 나왔는데 결과가 최악이다

- **상황 점검**

  정확히 무슨 뜻인가? 한 과목의 시험을 뜻하는가, 아니면 한 학기 전체를 뜻하는가? 고등학교인가, 도로교통법 위반 시 참석하는 운전교육 학원인가? 장학금을 놓쳤는가, 아니면 그저 교수님한테 충분히 인정받지 못한 정도인가?

  이 예시의 스토리를 진행시키기 위해서, 아직은 전 과목을 망친 게 아니라 '과학 A-35: 우주의 물질' 수업만 망쳤다고, 그리고 중간고사 기간이 가까워지고 있는 지금 전 과목을 망칠 가능성이 엿보이기 시작한다고 가정하자(그 시절을 떠올리니 새삼 속이 쓰리다).

- **RIO**

  가장 '이상적인' 결과는 당신의 공부 습관과 '과학' 이해력을 향상시키고, 지금부터는 모든 과제물에서 A를 받아서 평점을 최소 합격선 수준으로 만드는 것이다. 아, 그러나 슬프게도 그건 '현실적'이지 않은 시나리오다. 지금 최선의 길은 더 이상의 비극을 막는 것, 즉 '과학 A-35' 과목이 평점을 깎아 먹기 전에 그 과목의 수강을 취소하는 것이다.

- **트리아지**

  지금 절대적으로 중요한 건 바로 시간이다. 교칙에 따르면 중간고사 이후에 받은 점수는 무조건 성적 기록에 영원히 남는다. 따라서 당신은 수강 취소 신청서를 최대한 빨리 제출해야 한다. 그런 후 전체 강의 시간표를 보면서 다음 학기에 그 망할 놈의 필수 과학 수업을 끼워 넣을 자리를 찾아야 한다. 그 대신 포기해야 할 더 쉽고 재밌는 선택 과목이 뭔지도 결정해야 하고 말이다. 흑흑, '영문학 110FF: 중세 팬픽션'은 이제 안녕이다.

학위나 운전면허를 따기 위해, 또는 당신의 식당을 점검하러 나온 보건 감독관에게 A등급을 받기 위해 잘 해내야 하는 무언가를 망쳤다는 사실을 깨달아서 괴로운가? 당연히 괴로울 것이다. 그 문제에 대처할 이성적이고 합리적인 길이 있을까? 당연히 있다. 조금만 기다려주시길.

끔찍한 대형 폭풍우가 마을을 관통했다

- **상황 점검**

  집 주변, 그리고 집 이외의 부동산도 있다면 거기도 돌아다니면서 피해 정도를 확인한다.

- **RIO**

피해가 더 커지지 않도록 안전 조치를 취하고, 부서진 곳을 고치고, 복구하는 동안에는 절대 파산하지 않는다.

- **트리아지**

무엇보다 제일 먼저 할 일은 사진을 찍어놓는 것이다. 보험금을 청구할 때 그 사진들이 필요할 것이다(사실 보험회사에서는 당신이 알아서 집수리를 시작하기를 간절히 바란다). 그리고 물이 새는 곳을 막고 물웅덩이를 없애고 젖은 러그들을 치운다. 벽장 속에 시커멓게 곰팡이가 피어서 좋을 건 하나도 없다. 부서진 문과 창문이 있다면 비가 들이치거나 도둑 또는 너구리가 침입하지 못하게 단단히 막는다. 또 당분간 전기를 못 쓸 것 같으면 냉장고에 든 것을 전부 꺼내 아이스박스로 옮긴다. 물에 흠뻑 젖은 러그들을 다섯 시간 동안 끌어서 옮기고 나면, 먹다 남은 햄버거마저도 그리워 미칠 지경이 될 것이다.

일단은 당장 내 머리에 떠오르는 것을 말해본 것이다. 진짜 폭풍우가 지나간 후에 대처해야 할 것들은 이보다 훨씬 많을 수도, 훨씬 적을 수도, 아주 다를 수도 있다. 하지만 어떤 경우

든 그 모든 대처를 동시에 가장 먼저 할 수는 없다. 적어도 뭐
가 더 급한가에 따라 우선순위를 정해야 먼저 해야 할 일을
먼저 할 수 있다. 예컨대 취미 삼아 키우던 화분들을 구하는
것보다 구멍 난 지붕에 방수포를 덮는 일이 먼저여야 한다.
혹시나 해서 해주는 말이다.

보너스 기술: 유연성 갖기

이 책의 목적은 삶 때문에 당신이 우지끈 부러지지 않도록 돕는
것이다. 어떻게? **상황에 따라 유연성을 발휘하는 것**이 답이다.

　엿 같은 일이 일어나면(갑작스러운 폭우, 약속을 안 지키는 지붕수리
공, 독거미와의 새벽 싸움 등) 계획에 크든 작든 차질이 생기게 마련
이다. 달갑지 않은 상황에 대해 뻣뻣하고 엄격한 자세를 고수하
는 것은, 당신의 페이스북 피드에서 트럼프 지지자들을 추려내
는 데는 유용할지 몰라도 다른 경우에는 결코 유용하지 않다. 당
신은 유연성을 가져야 한다.

　코가 무릎에 닿도록 몸을 구부리는 종류의 유연함을 말하는
게 아니다(그게 가능하다면 감탄할 일이고, 고양이조차 박수를 보내겠지만).
고양이처럼 몸을 뒤트는 걸 말하는 게 아니라 고양이처럼 '생각
하는' 걸 말한다.

예를 들어 우리 집 고양이 글래디스는 사람들이 테라스를 점령하고 있어서 평상시처럼 5시에 평화롭게 자신의 저녁밥을 먹을 수 없다고 생각되면, 집 옆쪽으로 느긋하게 걸어가서 테라스가 한적해질 때까지 기다린다. 정 배가 고프면 간식으로 도마뱀을 잡아먹기도 한다.

글래디스는 절대 멍청하지 않다. 원래 스케줄에 조금 차질이 생겼다고 해서 "야옹 야아옹!(아, 짜증 나!)" 하고 외치면서 무모하게 미지의 세계로 달려가지 않는다. 글래디스는 밥을 먹을 수 있는 다른 방법(기다리거나 사냥을 한다)이 있다는 사실을, 배를 채우려면 느긋하게 기다리면(또는 사냥을 하면) 된다는 사실을 잘 안다. 정말이지 내 마음에 쏙 드는 이성 고양이다.

당신도 글래디스에게 한 수 배워야 한다. 짜증 나는 일이 일어났다고 해서(무례한 인간들이 규칙을 바꿔놓음) 멘붕에 빠져(밥이 제공되는 곳을 버리고 떠남) 최종 목적(저녁밥 먹기)을 달성하지 못하면 안 된다. 유연성을 가져야 한다. **마음을 가다듬고, 계획을 재구상하고, 다시 시도해라.**

안타깝지만 누구나 유연성을 타고나는 것은 아니다. 여기엔 나도 해당한다. 나는 융통성이 부족한 타입이다. 원고를 쓰고 편집할 때는 그게 장점으로 작용하지만, 상황 변화에 적응해야 할 때는 결코 장점이 못 된다. 나는 대체로 누군가가 규칙을 정해주면 그걸 잘 지키며 살았다. 규칙을 엄격히 지키는 게 좋았다. 내가 하는 일을 잘 파악하고 있다는 기분이 들었다.

하지만 그러다가 만일 그 사람이 규칙을 바꾸면? 아, 안 돼! 그건 멘붕을 작동시키는 방아쇠가 됐다. '하아, 앞으로는 어떻게 하지? 내가 그렇게 오랫동안 열심히 지켰고 익숙해진 바로 그 규칙을 나 자신이 깨는 기분이야. 이건 좀 아닌 거 같아. 덫에 갇힌 기분이라고!'

게다가 이런 생각까지 들었다. '그렇지만, 그렇지만 말이지, 예전엔 나한테 이렇게 하라고 해놓고 이제 또 다르게 하라고 말하는 사람은 당신이라고! 내가 혼란과 마비에 빠진 건 전부 당신 탓이야.'

이쯤 되면 누구라도 좋은 결말을 얻지 못한다.

내가 회사 생활 끝 무렵에야 얻은 교훈이다(예전 상사와 동료들이여, 다 내 탓입니다). 그 후로는 일에서나 개인적인 인간관계에서나 늘 이 교훈을 기억하며 효과를 보고 있다. 바로 이거다. 어째서 엿 같은 일이 일어났는지 또는 '누가 규칙을 바꿨는지'는 전혀 중요하지 않다. 중요한 건 그 일이 일어났고 규칙이 바뀌었다는 사실, 당신이 융통성을 발휘해 대처해야 한다는 사실이다. 다시 말해, '왜?'에 집중하지 말고 '좋아, 이제 무엇을 할까?'에 집중해야 한다.

누구 탓인가?

잘잘못 따지기는 불행 폭풍의 대처를 방해하는 대표적인 장애물이다. 시간과 에너지만 낭비될 뿐이다. 거기에 에너지를 쏟느니 차라리 외발자전거를 타고 애팔래치아산맥을 횡단해라. 누구 잘못인지 밝혀낸다고 해서 문제가 해결되진 않는다. 또 그런다고 기분이 좋아지는 것도 아니다. 동료 마이클을 닦달해서 프레젠테이션 자료가 담긴 노트북을 간밤에 택시 뒷좌석에 놓고 내린 걸 인정하게 한다고 해서 얼마나 만족스럽겠는가? 지금은 아침 7시고, 당신의 고객은 두 시간 후의 멋진 프레젠테이션을 기대하고 있고, 당신과 마이클은 둘 다 몸에서 퀴퀴한 냄새가 난다. 잘잘못은 나중에 따져라. 일단 샤워를 한 후 마이클을 시내 사무용품 매장에 보내 발표용 포스터 보드와 마커 펜을 사오게 해라.

기억하자. 주변의 모든 선택지가 사라지는 것처럼 느껴질 때 유연성을 발휘하면 새로운 선택지가 열린다. **사고를 유연하게 구부릴 수 있으면 당신은 우지끈 부러지지 않는다.**

원래 비상 상황은 예고 없이 일어나기 마련이다

당신은 끝내주게 재밌는 책을 읽는 중이다. 그런데 엄마가 공항에 도착했다고 방금 전화가 왔다. 짜잔! 엄마는 45분 후면 당신집에 도착하실 거고 일주일 동안 묵으신단다. 그리고 덧붙이신다. 나 있는 데로 콜택시 좀 불러주겠니?

당신은 마음의 평정을 유지할 수 있을까? 그러길 바란다. 그렇지 않다면 내가 지금까지 해준 조언이 아무짝에도 쓸모없다는 의미가 되니까. 마음이 잘 진정되지 않는다면 앞으로 가서 걱정 탈출 흐름도를 다시 보고 5분 후에 여기로 돌아오기 바란다.

당황할 필요 없다. 이건 '차선의 대안'이 충분히 가능한 시나리오다. 당신만의 오후 시간은 어차피 물 건너갔지만, '엄마 허리케인'의 여파를 최소화할 수는 있다. 만일 집 꼴이 엉망이지만 엄마가 어떻게 생각하든 아무 상관이 없다면, 축하한다! 문제 대처가 훨씬 쉬워졌다. 하지만 엄마가 어떻게 생각할지 몹시 신경이 쓰인다면, 주어진 짧은 시간 내에 곳곳을 최대한 신속하게 정리해야 한다.

상황 점검을 하고, RIO를 판단하고, **트리아지**를 실행해라.

만일 나라면 '엄마에게 깔끔한 첫인상을 준 다음 집 구석구석을 자세히 살펴보지는 못하게 하는 것'을 RIO로 삼겠다. 즉, 이렇게 하겠다.

- 손님용 방(또는 침대 겸용 소파)부터 시작한다. 시트가 깨끗한지 확인하고, 만일 아니라면 '지금 당장' 세탁기를 돌려서 엄마가 지친 몸을 누일 때쯤에는 깨끗해져 있게 한다.
- 굴러다니는 신발과 스포츠용품과 부서진 우산과 지난번 휴가에서 돌아와 아직 다 풀지 않은 반쯤 찬 더플백을 벽장 속이나 침대 밑에 집어넣는다.
- 눈에 보이는 곳들을 깨끗이 닦는다. 선반 위쪽은 일단 그냥 놔둔다. 집 안 구석구석 발판 의자를 끌고 돌아다니다가는 원래 안 좋은 허리만 더 나빠진다. 지금 허리가 나가면 절대 안 된다.
- 쓰레기를 내다 버리고, 집 안에 향초 몇 개를 피우고, 엄마가 좋아하는 화이트와인을 냉장고에 넣어둔다. 엄마는 그걸 두 잔쯤 마시고 나면 먼지 뭉치와 손자들을 구분하지 못할 게 분명하다.

아, 그리고 당신은 집에서 묵을 깜짝 손님을 돌보기 위해 이번 주에 하려던 몇 가지 덜 급한 일을 취소하거나 연기해야 할지도 모른다. 당신이 **유연성을 발휘**할 수 있어서 정말 다행이다.

모든 것은 당신의 머릿속에서 진행된다

방금 든 예시에는 물리적 공간 정리가 포함됐다. 하지만 그 출발점은 어디였을까? 당연히 당신의 '머릿속'이다. 걱정 탈출 기술이 머릿속 공간 정리와 일맥상통하다고 했던 내 조언을 떠올려봐라.

- **1단계: 마음을 진정한다. 비생산적인 걱정을 버린다.**

  엄마는 이미 공항에 도착했다. 통제할 수 없는 것에 멘붕 자원을 낭비하지 마라.

- **2단계: 문제에 대처한다. 당신의 반응을 정리한다.**

  통제할 수 있는 부분에 멘붕 자원을 써라. 예컨대 침대 겸용 소파에 페브리즈를 뿌리는 것. 어쩌면 시트를 빨 시간이 충분하지 않을지도 모른다.

짜증 나는 일은 아무 예고 없이 일어나곤 한다. 부모님의 기습 방문, 머리 위에 떨어진 새똥, 갈라진 블록 틈에 발이 걸려 시멘트 바닥에 얼굴부터 떨어지며 넘어지는 바람에 치과를 찾아다녀야 하는 상황 등. 불운은 아무 때나 불쑥 당신을 찾아온다.

즉, 사전 예고가 거의 또는 전혀 없는 상태에서 당신의 행동

반응을 정해야 할 때가 많다. 상황을 점검하고, RIO를 판단하고, 트리아지를 실행하고, 때로는 말랑말랑한 점토 인형처럼 유연함까지 갖춰야 한다. **당신은 뭔가를 '물리적으로' 실행하기 전에 이 모든 걸 '머릿속으로' 실행하게 된다.** 성급한 행동은 금물이다.

갑작스럽게 숙박 손님이 들이닥쳤다. 사실상 당신은 문제를 해결할 시간이 거의 없었지만 멘붕에 빠지느라 시간을 낭비하지 않는 법을 이미 배웠고, 따라서 오후 일정을(그리고 이번 주의 다른 일정도) 변경해 새로 닥친 상황에 적응할 수 있었다.

- 그 모든 것은 머릿속 공간 정리를 한 결과다.
- 그 모든 것은 엄마와의 통화를 끝낸 후부터 걸레를 집어 들기 전, 그 사이에 이루어졌다. 당신의 한계를 인식하고, 통제할 수 있는 것과 없는 것을 구분해 전자에 집중하고, 행동의 우선순위를 매겼다.
- 그 모두가 마음을 진정하고 문제에 대처하는 걱정 탈출 기술에 해당한다.

자, 다음 단계로 넘어갈 준비가 된 것 같은가? 나는 준비됐다.

골칫거리에서 탈출하는 우리의 자세

나는 온라인 설문조사에서 이런 질문을 했다.

'최근 당신에게 일어난 가장 짜증 나는 일은 무엇입니까?'

거기서 얻은 답변들을 활용하려 한다. 건강, 재정, 가족, 일, 인간관계 등 주제도 다양하다. 망친 헤어스타일부터 골절에 이르기까지, 각각의 사건에 대해 논리적이고 이성적인 관점으로 내가 생각하는 빠르고 간단한 대처법을 제시할 생각이다.

분명히 말해두지만 지금부터 소개하는 사건들을 전부 내가 직접 겪은 것은 아니다(정말이다). 그러나 내 방법론이 믿을 만하다면 내가 경험한 일인지 아닌지는 중요하지 않을 것이다. 지금까지 그래왔듯 약간의 단계를 밟아가며 설명하겠다.

이 책의 목적은 세상의 온갖 다양한 문제에 적용할 수 있는 생각 도구를 제공하는 것이다. 발생 가능성, 긴급도, 통제력, 우선순위 정하기, 감정 강아지 가두기, 멘붕 뒤집기로 시선 돌리기 등. 그리고 나의 빠르고 간단한 대처법을 알려주긴 하겠지만, 결국 이 모든 것은 나를 위한 게 아니다. **중요한 건 '당신 자신'이고, 인생을 변화시키겠다고 당신의 마음가짐을 바꾸는 일이다.**

- '당신'이 눈앞에 닥친 상황을 점검하고,

- '당신'이 RIO를 판단하고,
- '당신'이 우선순위를 정해 행동 계획을 세워야 한다.

나는 그저 길을 밝혀주려고 애쓰는, 입이 험하고 상식을 갖춘 여자일 뿐이다. 어쨌든 한번 들어보시길.

그럭저럭 헤쳐나갈 만한 난감한 일

당신의 스케줄을 약간 꼬이게 하거나 하루를 완전히 망치는 종류의 일이다. 하지만 일주일이나 한 달을, 인생 전체를 망쳐놓지는 않는다. 이 일이 일어난다고 세상이 끝나지는 않지만 약간 짜증이 날 수는 있다. 다행히 이 일들은 '완전 복구'되거나 꽤 괜찮은 '차선의 대안'을 찾을 가능성이 크다. 천천히 워밍업하는 부분이라고 생각해라. 따뜻한 욕조에 몸을 담그듯이 말이다.

말이 나온 김에 실제로 뜨뜻한 욕조에 누워 이 책을 읽는 건 어떤가? 집에 욕조가 없다면 테킬라 한 잔으로도 대충 비슷한 효과를 얻을 수 있다.

식당에서 내 예약을 누락했다

일단 상황을 점검한다. 식당 측에서 이후의 다른 시간에 테이블을 잡아주겠다고 하는가? 그 시간이 당신에게 괜찮은가? 만일 그렇다면, 이 문장을 제대로 발음할 수 있는지 확인해봐라. "기다리는 동안 진토닉을 서비스로 주시겠어요?" 오케이, 그럼 준비된 거다.

만일 식당에서 "죄송합니다만, 오늘 저녁엔 예약이 이미 꽉 차서 안 되겠습니다"라는 답변을 듣는다면, 매니저한테 볼멘소리로 따지느라 시간을 보내느니 다른 식당에 가는 데 시간과 에너지와 돈을 쓰는 편이 낫다(자신도 모르는 새에 '식당에서 갑질하다가 영구 출입금지 당한 진상 손님'이라는 제목의 유튜브 동영상 주인공이 되어 있지 않으려면 말이다).

하루 1만 보 걷기를 채우지 못했다

엿 같은 일은 일어나기 마련이다. 당신은 온종일 끝없는 회의에 묶여 있었거나, 고관절이 성치 않았거나, 또는 빌어먹을 바이러스 때문에 집 밖으로 나갈 수 없다면 1만 보가 거의 히말라야 등반처럼 까마득하게 느껴질 것이다. 만일 당신이 지금까지 다이어트를 위해 목숨 걸고 운동을 해왔다면, 이건 별일 아닌 게 아닐 수도 있다. 하지만 한편으로는, 지금까지 목숨 걸고 운동을 해왔으니까 괜찮다! 당신의 기특한 종아리도 잠시 쉴 자격이 있지 않을까?

또는 만일 이 '운동 요법'을 시작한 지 며칠 안 됐다면, 규칙적인 습관으로 만들지 못할 것 같아 조금 우울해질지도 모른다. 어느 쪽이 됐든, 1만 보를 못 채운 게 영 찜찜하다면 오늘의 부족분을 내일의 목표로 슬쩍 떠넘겨라.

머리를 잘랐는데 스타일이 완전 망했다

차라리 어릴 때라면 괜찮을 텐데. 타임머신도 없고 긴급 대기 중인 맞춤 가발 전문가도 없다면, 당신의 RIO는 머리칼이 다시 자랄 때까지 가리고 다니는 것이다. 혹시 원한다면 내가 괜찮은 모자나 머리띠, 머리핀, 반다나, 스카프, 붙임머리 제품, 또는 신경 끄기 기술을 소개해줄 수 있다.

상사가 나한테 고래고래 소리를 질렀다

당신이 사고를 쳤는가? 만약 그렇다면, 성격이 불같은 상사 밑에서 일하는 건 참으로 안됐지만 앞으로는 그의 화를 돋우지 않도록 최대한 노력해야 한다. 만일 당신이 상사한테 깨질 만한 행동을 한 적이 없어서 억울해 죽을 지경이라면, 그가 자신이 오해했다는 걸 알게 됐을 때 마음을 바꾸고 사과할 타입인지 먼저 판단해봐라. 그런 타입이 아니라는 확신이 들면, 2장으로 돌아가서 '복수를 구상한다'를 참고해라. 마음을 진정하고 행동 반응을 새롭게 정비하는 데 도움이 될 것이다. 인사팀에 정식으로 불만 사항을 제출하거나 사직서를 내거나 등. 또는 머릿속으로 구상한 복수를 실행에 옮겨도 된다. 충분히 그럴 가치가 있는 상황이니까.

트램펄린을 탄 다음 날 몸이 너무 아파서 한 발짝도 움직일 수가 없다
음, 정말 난감하다. 낙하산을 타고 적진에 떨어졌는데 낙하산 줄에 몸이 엉키고 뼈까지 몇 군데 부러진 병사와 마찬가지로, 네 번째 자원에 의지해 병력을 지원받아야 할 때다. 이 경우 당신이 문제에 대처하도록 '도와줄' 다른 누군가가 필요하다. 예컨대 당신을 자동차로 옮겨 태우고 척추 지압사에게 데려다줄 체격 건장하고 힘 좋은 친구 말이다.

100명이 넘는 사람에게 업무 이메일을 발송했는데 숨은 참조로 보내는 걸 깜빡했다
이 문제에 대처하는 데에는 두 가지 방법이 있다. 첫째, 수신자 목록의 모두에게 다시 이메일을 보내(물론 이번엔 숨은 참조로) 미안하다고 사과하면서 원래 이메일에 '전체 답장'을 하지 않도록 주의해달라고 부탁한다(물론 내 경험에 따르면, 이 부탁 이메일을 보낼 즈음엔 수신자들 중 일곱 명 정도는 아무 생각 없이 '전체 답장'을 해버린 상태다). 둘째, 책상 앞에 조용히 앉아서 자신이 무슨 짓을 저질렀는지 곰곰이 생각한다. 어느 쪽을 택할지는 당신 마음이다.

프린터가 고장 났다

이 말을 들으니 내가 첫 직장에 처음 출근했던 날이 떠오른다. 뉴욕 한 회사의 편집 보조원이었다. 나한테는 엄청나게 높고 무섭게 느껴지던 내 상사의 상사가 오전 10시 30분에 나에게 어떤 자료를 복사해서 '11시 전까지' 가져오라고 지시했다. 곧바로 나는 최악의 복사기와 조우하게 됐다. 복사기에서 '삐삐' 소리가 났고, 종이가 걸렸고, 분류 기능도 엉망이었다. 복사실에 서서 그 무서운 상사에게 대학까지 나온 내가 복사기도 다룰 줄 모른다고 고백하는 게 나을지 아니면 곧장 사표를 쓰는 게 나을지 고민하고 있는데, 어떤 직원이 나를 딱하게 쳐다보면서 '더 잘되는' 복사기가 있는 곳을 알려주었다. 어쨌든 내가 하고 싶은 말은 이거다. 당신이 사용할 다른 프린터를 찾을 수 있다는 것이다.

회사 크리스마스 파티에서 술을 잔뜩 마시고 필름이 끊겼다

워워, 진정하시라. 일단 시원한 게토레이를 하나 따서 마시고 내 말을 잘 들어라. 다른 사람들도 기억하지 못하는 건 마찬가지라는 거다! 그리고 설령 그들이 기억한다고 해도, 이 문제에 대처

218

하는 최선의 방법은 그냥 아무 일 없었던 듯이 행동하는 거다. 그리고 다음 회식 때는 당신의 강적에게 술을 잔뜩 먹여 그에게 바통을 넘겨라.

삶을 삐걱이게 하는 짜증 나는 일

이제 뜻밖에 벌어진 짜증 나는 사건들의 중상급 레벨이다. 이런 일은 예측 가능한 미래 시점의 당신 삶을 삐걱거리게 할 것이다. 회복하는 데 시간, 돈, 에너지가 더 많이 든다. 또 완전 복구가 가능한 경우도 매우 드물다. 만일 당신이 (2장의 조언대로 적절한 타이밍에 마음의 평정을 유지하여) 상당한 양의 멘붕 자원을 아껴두었다면 그래도 잘 대처할 수 있을 것이다. 지금은 우선 다음 사례들에서 영감을 얻을 수 있을지 살펴보자.

자동차가 견인당했다

차를 얼마나 빨리 되찾아야 하는 상황인지에 따라, 당신은 일정표의 몇 가지 일을 다른 시간으로 옮겨야 할지도 모른다. 그리고 차를 찾아오려면 모아뒀던 휴가 비용을 꺼내 써야 할 수도 있다. 일단 상황을 판단해보자. 현재 차는 어디에 있는가? 당신은 차를 얼마나 빨리 찾아와야 하는가? 차를 찾는 비용은 얼마나 되는가? 답변 결과를 기준으로 생각해봐라. 당신에게 이상적인 조치는 어떤 것인가? 다른 스케줄이 꼬이는 걸 감수하고라도 되도록 빨리 찾아오는 편이 나은가, 아니면 나중에 더 편할 때 찾되 하루하루 불어나는 보관료를 감수하는 편이 나은가? 그에 따라 트리아지를 실행해라.

체납된 세금을 내야 한다는 사실을 알게 됐다

당신의 구체적인 상황을 모르긴 하지만 분명히 '문제 대처의 3단계 기술'이 도움이 될 것이다. 일단 상황부터 점검해보자. 체납된 세금이 얼마인가? 언제까지 내야 하는가? 당신에게 현실적으로 가능한 날짜인가, 아닌가? 만일 지금 돈이 있다면 즉시 납부해라. 속이야 좀 쓰리겠지만, 벌금 10만 달러와 5년 이하의 징역형을 받는 것보다는 낫다. 만일 납부기한이 촉박한데 그 안에 전액을 완납할 수가 없는 상황이라면 분납 계획을 고려하자. 아무리 생각해도 체납 세금을 낼 방법이 떠오르지 않는다면 세금 전문 변호사를 찾아가고, 변호사 비용조차 없다면 구글 검색을 해서 어떻게 하는 게 최선인지 알아보자. 우선순위를 빨리 판단해야 연체에 따른 추가 벌금을 막을 수 있다.

어쩌면 구글 검색으로 납부기한을 연장하는 방법이나 그 밖의 유용한 팁을 알 수 있을지도 모른다. 어쨌거나 확실한 건 시간을 오래 끌수록 벌금만 늘어난다는 사실이다. 만일 정부가 당신에게서 가뜩이나 없는 돈을 쥐어짜는 거라면, 법원으로부터 '더 이상 손 쓸 수 없는 파산 상태임' 선고를 받을 때까지 기다려라.

늑장 부리다가는 잃고 만다

나는 충분히 해결할 수 있는 상태였던 빚(주차 위반 딱지, 신용카드 청구서, 세금 미납으로 재산이 차압된 상태 등)을 그냥 미루고 피하다가 결국 최악의 상황으로 만드는 사람을 여럿 봤다. 일부는 당사자의 정신건강에 심각한 문제가 있다는 게 원인이었다. 그리고 이미 말했듯이, 나는 심각한 활동 저하 탓에 재정 파탄을 초래하는 종류의 정신질환을 치료하는 전문가는 아니다. 하지만 그 밖의 사람들에게 등짝 스매싱을 날려서 정신이 화들짝 들게 하는 일에는 전문가다. 그리고 나는 지금 자신이 감당할 수 없는 청구서 처리를 미루는 사람들을 말하는 것도 아니다. 그건 또 완전히 다른 얘기다. 내가 이야기하는 대상은 청구서를 처리할 여력이 되면서도 그것을 다른 일들보다 우선순위에 놓아야 한다는 것을 인정하지 않는 사람들이다. 그 다른 일들은 조금 미뤄도 자동차를 잃거나 신용점수를 잃는 등의 결과를 초래하지 않는데도 말이다. 나는 당신이 그런 결과를 예방하도록 돕는 게 내 임무라고 생각한다. 그리고 만일 내가 그 임무를 수행하기 위해 당신의 잘못된 행동을 공개적으로 지적해야 한다면, 그렇게 할 생각이다. 나야 아무래도 좋다.

여자친구한테 내가 잠자리에서 별로라는 말을 들었다

당연히 당신은 마음에 상처를 받거나 짜증이 나거나, 아니면 그저 당황스러울 것이다. 하지만 감정 강아지를 너무 오래 날뛰게 풀어놓아서 좋을 건 하나도 없다. 평생 들어본 가장 충격적인 그 말을 듣고 받은 충격에서 벗어나 마음을 추스르고 나면, 당신에게는 두 가지 선택지가 있음을 알게 될 것이다. 어느 쪽이 RIO인지 결정하는 것은 당신에게 달렸다. 하나는 그 여자친구와 끝내고 당신의 잠자리 능력을 알아봐 주는 다른 여자를 만나게 되길 기다리는 것이다. 다른 하나는 여자친구의 비판을 마음에 새기고 당신의 테크닉에 변화를 주는 것이다.

여기서 나는 '문제에 대처하기'가 절대 어렵지 않음을 다시 한번 강조하고 싶다. 많은 문제 해결 상황에서 우리는 두 가지 선택지 안에서 움직인다. 이것 아니면 저것을 택해 항로를 정하는 것이다. 하나를 골라 그것을 밀고 나가라. 결국은 당신이 원하는 대로 하면 된다.

중요도가 중간 정도인 뼈가 부러졌다

물론 가장 먼저 할 일은 병원 치료를 받는 것이다. 하지만 응급실로 가는 도중에 또는 치료를 위한 마취가 풀리고 난 후에 머릿속에서 이 사건의 결과를 정리해보고, 예상되는 회복 기간에 따라 계획을 세우거나 변경할 수 있다. 출근은 할 수 있는가? 부러진 몹쓸 정강이뼈 때문에 하지 못하게 된 다른 일들은 무엇인가? 유연성을 발휘해라! 예를 들어 평소 우리 집에서는 남편이 장보기와 저녁 준비를 도맡아 하는데, 한번은 남편이 경솔하게 오토바이를 타고 나갔다가 쇄골이 부러졌다. 그래서 우리는 한 달 넘게 대안적인 식사 시스템을 가동했다.

오늘 참석해야 하는 결혼식에서 입을 신부 들러리 드레스가 너무 작다

신부 측 사람들 중 한 명으로 참석해, 결혼하는 친구가 골라준 공식 드레스를 입고 그 친구를 축하해주는 것이 당신의 RIO라고 가정하자. 일단은 드레스가 터질 것 같은 모습으로 결혼식 사진 속에 남는 것 정도는 체념하고 받아들인다. 그러고는 식사를 하다가 '실수로' 당신 옷에 레드와인을 쏟은 다음, "아 참, 차 트렁크에 다른 옷이 있었지!" 하며 헐렁하면서도 결혼식에 어울리는 옷으로 갈아입는다.

운전면허 시험에 떨어졌다

나도 그랬다. 그때 난 이렇게 했다. 헷갈리게 세워진 정지 표지판을 향해 조용히 욕을 퍼붓고, 시험에 떨어진 걸 하루 동안 툴툴댄 후, 최대한 빠른 기간 내에 시험을 다시 봤다. 만일 당신이 시험에 또 떨어진다면 연습을 더 해야 한다. 또는 대중교통을 이용하기로 마음먹는다. 아니면 평생 운전 기사를 두고 살 만큼 돈을 많이 벌기 위해 노력하거나.

집의 수도관이 동파했다

내 집이란 걸 갖게 된 지 비교적 얼마 안 된 나는 집의 내부와 아래쪽과 주변과 지붕에 생길 수 있는 문제가 엄청나게 많다는 사실에 지금도 끊임없이 놀란다. 게다가 그곳이 잠을 자야 하는 (어쩌면 일도 하고 누군가는 아이도 키워야 하는) 공간임을 생각하면 몇 배는 더 심란하다. 그러니 주방 벽 뒤로 뭔가가 흘러내리는 걸 발견하는 순간, 원망스러운 신을 향해 주먹을 흔들어대면서 멘붕 자원을 낭비하고 싶어질 것이다. 하지만 그 충동을 억누르고 대신 훨씬 더 긴급한 일에, 즉 곧장 달려올 수 있는 실력 좋은 배관공을 찾는 일에 에너지를 쏟아야 한다.

아침 6시 30분에 차를 몰고 가다가 치즈버거를 샀는데, 신호등 빨간 불에 서다가 손에 들고 있던 버거를 떨어트림과 동시에 앞차를 들이 받았다

꼭두새벽부터 가공된 고기를 먹고 싶다는 욕구를 느끼지 않는 사람이 세상에 어디 있단 말인가. 이 설문조사 응답자야말로 버거킹 슬로건인 '당신 마음대로 하세요(Have it your way)'에 충실해 보인다. 부디 당신이 이 우스꽝스럽고 황당한 상황 앞에서 한 번 싱긋 웃은 후, 재빨리 두 자동차의 피해를 확인하고 필요한 경우 보험회사에 연락했기를 바란다. 그리고 버거킹으로 돌아가서 치즈버거를 다시 샀기를. 한 시간 지각한 이유와 옷 군데군데 특별 소스가 묻어 있는 이유를 상사에게 설명하려면 에너지가 필요할 테니까.

절친이 나한테 잔뜩 짜증이 났다

당신이 그 친구가 1년 전에 정성껏 골라놓은 신부 들러리 드레스에 레드와인을 쏟았을 뿐만 아니라 그걸 입으니 연보라색 천에 휘감긴 소시지처럼 보여서 그런 것 아닌가? 아니라고? 아니라면 다행이다. 이유가 무엇이든 간에, 당신이 사과할 만한 일이 있는지, 불손한 표현 가득한 자기계발서를 읽는 바쁜 와중에 친구한테 사과할 짬을 얼마나 낼 수 있는지 재빨리 판단해봐라. 만일 당신이 뭔가 잘못을 했고 당신의 RIO가 절친과의 우정을 유지하는 거라면 최대한 서둘러라. 또는 이번 일을 계기로 당신과 친구가 서로에게 지나치게 정서적으로 집착하는 경향을 줄일 수 있다면 그것도 괜찮은 결말이다. 누가 먼저 굽히고 들어가는지 지켜봐라.

건강 문제로 엄격한 식이 요법을 택하는 바람에 먹을 수 있는 음식이 극히 제한적이다

당신 삶에서 지금 겪는 그 거지 같고 짜증 나는 일, 당신 생각만큼 거지 같고 짜증 나는 일인 게 맞다고 내가 말했던 것, 그리고 난 절대로 "다 잘될 거야" 또는 "그렇게 나쁜 상황은 아니네"라고 말하지 않을 거라고 했던 것, 기억하는가? 나는 절대 한 입으로 두말하는 사람이 아니다.

먹을 수 있는 음식 종류가 얼마 안 된다니, 심심한 위로와 동정을 보내고 싶다. 나는 이 문제를 논리적이고 이성적인 시각으로 바라보더라도 결코 당신의 정신적 고통을 반박하지 않을 것이다. 먹고 싶은 걸 못 먹는 것만큼 끔찍하고 짜증 나는 일이 또 있을까! 삶의 가장 큰 즐거움 중 하나를 박탈당하는 것이며, 제한적 식이 요법은 실천하기에 아주 힘들고 돈도 많이 든다. 짜증 나는 일의 최고 단계다.

마음을 진정하기가 쉽지 않겠지만, 이제 당신은 그것을 위한 유용한 도구를 알고 있다. 글루텐한테 복수할 방법을 상상해볼 수 있을까? 물론이다, 할 수 있다.

이 문제에 대처하려면 '미리 계획하기'와 '해당 순간에 대응하기'를 함께 활용한다. 해당 순간이란 브런치 메뉴나 전채 요리를 마주할 때, 또는 병원 구내식당에 갔을 때를 뜻한다. 먹어도 되는 간식거리를 늘 갖고 다녀라. 그 밖에 또 뭘 해야 할까?

- **상황 점검하기:** 어떤 음식이 테이블에 나왔으며 그중에 당신의 건강에 유해하지 않은 것은 무엇인가?
- **RIO:** 충분히 먹되 건강을 악화시키지 않기.
- **트리아지:** 상황에 따라 당신이 갖고 있는 간식을 활용해 배고픔을 방지한다. 그리고 웨이터에게 음식에 들어간 식재료를 물어보고 대체할 비슷한 메뉴가 있는지 물어본다. 참, 도움이 될지 모르겠지만 귀리 우유가 꽤 맛있다고들 한다.

재밌는 사실 하나

익명의 설문조사에서 "당신에게 나쁜 일이 일어났을 때 누군가가 '괜찮아, 다 잘될 거야'라고 하면 듣기 싫습니까?"라는 질문을 했더니, 77.4퍼센트의 응답자가 "그렇다, 진심으로 짜증 난다"라고 답했다.

일상을 무너트리는 괴로운 일

솔직히 책을 쓰기 시작할 때부터 이 부분을 쓸 일이 계속 두려웠다. 악몽 같은 사건들로 가득한 부분이라서가 아니라, 내가 인생 최악의 사건들에 대처하는 일의 전문가라고 주장해도 되나 싶은 우려 때문이다. 입이 거친 안티구루로서는 꽤 부담스러운 책임감이 느껴진다. 살면서 진짜로 괴로운 일들을 겪어보긴 했지만, 모든 괴로움을 겪었노라고는 감히 말할 수 없으니 말이다. 누군들 안 그렇겠는가.

여기서 다룰 문제들은 (해결이 불가능하진 않을지라도) **누구에게나 가장 괴롭고 힘든 종류에 속한다.** 사실 대부분의 경우에 이 책이 도움이 될지도 의문이다. 이혼이나 질병, 죽음 같은 주제에 대해서는 나보다 더 훌륭한 전문가가 진지하고 상세하게 논한 책들이 있으니 혹시 내킨다면 찾아서 읽어봐도 좋을 것이다.

누군가는 이 부분을 읽으면서 이렇게 생각할지도 모른다. '당신이 대체 뭐라고 내 파탄 난 결혼 생활에 대처하는 법을 알려주겠다는 거야?' 당신 마음속에 그런 회의적인 생각이 충분히 들 만하다. 말했듯이, 나조차도 회의가 드니까. 집에 도둑이 든 사건에 대한 생산적인 대처나 불임을 극복하기 위해 정신적·육체적으로 힘든 시간을 견뎌내는 일에 대해 조잘댈 권리가 나에게 있을까? 핵폭발로 인한 방사능 낙진이나 빈대에 관한 조언은 말할 것도 없고 말이다.

그렇지만 나는 '걱정 탈출 기술'이 당신 삶의 가장 암울한 순간에도 도움이 되리라고 믿는다. **친구나 가족 또는 심리치료사가 말해주던 것과는 다른 시각으로 그런 일을 바라볼 수 있기 때문이다.** 다시 말해 앞으로 내가 할 조언들이 잔인할 만큼 실용적이고 비감정적이라고 느껴진다면, 그게 바로 내가 지향하는 포인트다. 나는 이 책을 쓰면서 이런 사실을 염두에 두고 있다. 당신 주변의 누구도 당신의 불안과 스트레스와 문제에 대해 잔인할 만큼 실용적이고 비감정적인 조언은 해주지 않는다. 왜냐하면 그들은 "괜찮아, 다 잘될 거야"라는 말만 할 뿐 정말로 괜찮아질 수 있는 실제적이고 정확한 방법은 얼버무리기 때문이다. 그런 걸 생각하면 설문조사 응답자의 77.4퍼센트가 그랬던 것처럼 나도 진심으로 짜증이 난다.

나는 엄청나게 괴로운 일의 대처법과 관련된 조언을 해주되, 이 말은 꼭 덧붙이고 싶다. **불안과 공황, 우울증, 트라우마는 '걱정 탈출 기술'로 도움을 받을 수 있는 문제이기도 하지만 때로는 진짜 심각한 문제일 수도 있다.** 나야 다음에 예시로 드는 사건의 대처법에 관해 짤막한 조언을 하는 입장일 뿐이지만, 만일 당신이 그 일들 중 하나를 실제로 겪게 된다면 심리적 안정을 되찾고 상황을 극복할 방법에 관해 전문가와 이야기를 나눠보길 바란다. 내 말을 흘려듣지 않으리라 믿고, 미리 고맙다고 말해두겠다.

이제 우리는 골칫거리 목록의 세 번째이자 마지막 부분으로 들어간다. 첫 번째 부분이 따뜻한 욕조에 몸을 담그는 워밍업이었다면, 이 부분은 얼음 가득한 욕조 안에서 덜덜 떨며 버텨야 하는 상황과 비슷하다. 내가 모든 해결책을 알려주지는 못하겠지만 당신에게 제대로 된 방향이라도 제시해줄 수 있다면 좋겠다.

도둑을 맞았다

소매치기를 당했든, 금고가 박살이 났든, 자동차가 털렸든, 당신은 잔뜩 겁을 집어먹었을 게 분명하다. 그리고 도난품의 양과 종류에 따라 약간 또는 꽤 큰 불편함이 발생할 것이다. 만일 여기에 중대한 신체적 상해까지 포함된다면 삼중고를 겪게 되는 셈이다. 물론 일단은 마음을 진정시키는 데 성공했다는 전제하에서 말이다. 문제 대처의 차원에서만 본다면 제일 먼저 할 일은 당신의 안전을 확보하는 것이다. 즉시 경찰에 연락해라. 뇌진탕이 일어난 것 같은가? 구급차를 불러라.

최근 내 친구의 집에 도둑이 들었다. 아이들도 집에 있는 상태였다. 그날 저녁 친구는 원래 콘서트 일정이 있었지만 공연을 취소하고 집으로 달려가 부서진 현관문을 판자로 단단히 막고 새벽까지 뜬눈으로 가족을 지켰다. 우선순위란 그런 거다.

당신도 분실된 물건을 보상받고 가장 급한 것들부터 새로 장만하기 위해 트리아지를 실행할 수 있다. 살 돈이 있거나 보험으로 보상을 받을 수 있다면 말이다.

또 여기저기 돌아다니며 "이런 일이 일어났어요!" 하고 알려야 한다. 당신이 당한 일을 주변 사람들에게 알려라. 그들이 당신을 도울 수 있게, 또는 적어도 당신의 시급한 우려 사항을 완화해줄 수 있게 말이다. 예를 들어 마감일이 얼마 안 남은 경우, 원고 담당자에게 노트북을 도난당했다는 사실을 알리고 나면 마음이 백만 배는 편해진다. 담당자가 바보 멍청이가 아닌 이상 틀림없이 마감을 연장해줄 것이다.

이건 정말로 끔찍하고, 치가 떨리고, 울화통이 터지고, 기분 나쁜 일임이 틀림없다. 하지만 멘붕에 빠져 헤어나오지 못하거나, 그냥 되는 대로 아무렇게나 대처하는 것은 당신에게 아무 도움이 안 된다. 상황을 점검하고, RIO를 판단한 후에, 필요한 것을 한 번에 하나씩 집중해서 처리해라.

곧 이혼할 예정이다

원치 않는데 이혼을 당하는 상황일 수도 있고, 당신이 이혼을 바라는 경우일 수도 있다. 하지만 어느 경우든 당사자인 두 사람

모두에게 불행한 일이라는 것만큼은 분명하다. 내가 당신이 겪는 정서적 혼란과 괴로움을 줄여줄 수는 없겠지만 일단 이 말은 꼭 해주고 싶다. "당신이 할 수 있는 일 한 가지는 이성적으로 우선순위를 따지는 것입니다." 어떤가, 한번 해보지 않겠는가?

만일 이혼이 임박했고 파경을 막기 위해 더는 할 수 있는 일이 없다면, 지금부턴 당신이 '통제할 수 있는' 것에, 그리고 RIO를 달성할 수 있는 것에 집중해야 한다. 당신의 RIO는 최대한 원만하고 평화롭게 헤어지는 것일 수도 있다. 또는 집과 자동차와 다용도 압력솥의 소유권을 확보하는 것일지도 모른다. 아니면 모든 이혼 과정을 거치는 동안 아이들 앞에서 우는 모습을 보이지 않는 것이 당신의 RIO일 수도 있다. 쉽지는 않겠지만 이런 구체적인 목표를 위해 당신의 감정 강아지를 우리에 가둘 수만 있다면(잠깐이라도), 적어도 보다 생산적인 방식으로 '문제에 대처'할 수 있다.

아기를 가지려고 노력하는데 잘 안 된다

나는 임신에 관해 아는 게 거의 없다. 나 자신은 임신을 절대 하고 싶지 않다는 것만 확실히 알 뿐이다. 그러니 이 문제에 관한 조언을 하기에는 자격이 없을 수도 있다. 몇 년 전 친구와 나눴던 대화가 떠오른다. 내가 걱정 탈출 기술을 만들기 훨씬 전이었다. 친구 부부는 임신하기 위해 오랫동안 노력했는데도 성공하지 못하고 있는 상태였다. 그때 나는 식당에서 중동 음식을 앞에 놓고서 활기찬 목소리로 친구한테 말했다. "괜찮을 거야. 너희 부부라면 잘 해낼 수 있을 거라고 믿어."

그러니까 내가 '하나도 도움이 안 되는 쓸데없는' 말을 한 것이다. 친구의 얼굴은 반쯤은 비참했고 반쯤은 나한테 싸대기라도 날리고 싶은 표정이었다.

인정하건대, 나는 지금 이 지면을 통해 그때의 실수를 벌충하려고 애쓰는 건지도 모른다. 그렇지만 일단 얘기를 꺼냈으니 끝을 봐야 하지 않겠는가. 만일 당신이 내 친구처럼 괴로움과 답답함에 빠져 있다면, 잠시 감정 강아지를 가둬놓고 이성 고양이를 풀어놓으면 도움이 되지 않을까 싶다.

심호흡을 하고 상황을 점검해라. 임신 가능 연령을 직선으로 그린다면 당신과 배우자는 어디쯤 위치하는가? 노력은 얼마만큼 해봤는가? 할 수 있는 걸 다 해봤는가, 아니면 아직 시도해볼 방법이 남아 있는가? 시간, 에너지, 돈을 얼마나 더 쓸 수 있는가?

이 질문들에 대해 당신이 '원하는' 답이 안 나오면 여전히 슬프고 괴로울 것이다. 하지만 적어도 현재 상태를, 앞으로 택할 수 있는 선택지를 명확하게 인지할 수 있다. 당신에게 '현실적이고 이상적인' 방법이라고 생각되는 것에 시간과 에너지와 돈을 계속 투자해라. 그것이 지금의 방식을 계속 추진하는 것이든, 아니면 또 다른 대안을 고려하는 것이든 말이다. 그것이 부모가 된다는 목표를 향해 열심히, 생산적으로 노력하는 길이다. 그래야 당신이 통제할 수 없는 부분 때문에 낙담할 수밖에 없을 때도 긍정적인 기분을 되찾을 수 있다.

당신이 겪는 시련이 말할 수 없이 힘들다는 것, 잘 안다. 나도 이 문제로 고민하는 친구와 친척들을 봤기에 하는 말이다. 그리고 이성적인 접근법을 조언하는 내가 너무 차갑게 느껴질지도 모른다. 하지만 그런 이성적인 시각이 현재 상태를 받아들이고 원하는 방향에 도달하는 데 도움이 될 것이다.

자연재해가 우리 집을 강타했다

앞에서 허리케인 얘기를 잠깐 했는데, 인류를 괴롭히는 자연재해는 그 밖에도 많다. 토네이도, 홍수, 산불, 화산 폭발, 지진, 그리고 재앙 중의 재앙인 쓰나미 등. 이런 사건들에 대해서는 농담은 고사하고 섣불리 일반화하기도 주저된다. 2005년 뉴올리언스를 강타한 허리케인 카트리나로 나의 시댁 식구들이 고통을 겪었기 때문이다. 내 친구의 어머니는 2017년의 허리케인 하비 때 집을 잃었다. 그리고 얼마 전에는 약 480킬로미터 떨어진 곳에서 지진이 발생했는데 우리 집에서까지 진동이 느껴졌다. 내가 앉아 있던 소파가 싸구려 호텔 침대처럼 흔들렸다. 이 지진으로 진앙인 아이티섬에서 열다섯 명이 목숨을 잃었다.

이런 자연재해는 모든 걸 엉망으로 만든다. 하지만 만일 운 좋게도 당신이 끔찍한 재앙이 휩쓸고 간 다음 날 아침에 일어나서 여전히 숨을 쉬고 있다면, 눈앞의 상황에 대처하는 데 총력을 기울여야 한다. 이때는 '완전 복구'를 기대하거나 '차선의 대안'을 실행하기보다는 '기본 생존'부터 시작해야 할 것이다. 물, 음식, 잠잘 곳을 확보하는 게 최우선이다.

하지만 당신도 알 것이다. 나는 지금 당신의 '파충류 뇌', 그러니까 동물적 충동 및 기본 생존 본능과 연관된 뇌 부위의 작동을 글로 표현했을 뿐이다. 당신 자신의 안전을 지키려는 본능이 그 자체로 이 문제에 대처하는 최고의 전략이라는 점을 상기시키기 위해서다.

절망적이게도 ○○○ 진단을 받았다

나는 사람들이 겪는 비극과 속상한 일을 가볍게 다룬다고 독자들에게 비난받을지 모른다는 현실을 이미 인정했다.

이미 여러 번 강조했듯이, 나는 의사가 아니다. 앞에서 나는 불안증과 공황발작과 타조 모드가 나의 본능적인 대응기제라고 이야기했다. 또 멘붕에 잘 빠지는 내 정신과 신체를 조정하기 위해 종종 처방 약의 놀라운 힘에 의존한다는 사실을 밝혔다. 그러면서 동시에 당신과 내가 이전까지 '애용했던' 프로세스를 박살낼 수 있다는 것을, 불안·슬픔·분노·회피에 빠지는 것보다 더 효과적이고 생산적인 방식으로 불행 폭풍에 대처할 수 있다는 것을 보여주려고 노력했다.

심각한 건강 문제와 관련해 말하자면, 나는 만성적인 병이나 사망을 초래할 수 있는 병을 그냥 아무렇지 않게 차분히 받아들일 수 있다는 환상 따위는 갖고 있지 않다. 그렇지만 나라면 최대한 PHEW를 실천하려고 정말로 온 힘을 다해 노력할 것이다 (그렇지만 실제로는 얼굴이 엉망진창이 될 만큼 울고, 괴로움을 잊으려고 폭식을 하고, 진통제를 세게 놔달라고 애걸복걸할지도 모른다. 휴).

빈대

나는 빈대에게 물려본 적이 없다. 하지만 그런 일을 겪은 친구들은 있다. 그들은 독한 살충제와 빈대 방지용 매트리스 커버, 드라이클리닝 영수증과 함께 한 달 동안 괴롭게 살아야 했다. 친구들한테 내 홈페이지에 빈대 퇴치 경험담을 올려달라고 부탁할까 싶다. 기다려보시라.

한편, 작년에 우리 집에는 흰개미가 출현했지만 나는 뿌듯하게도 멘붕 단계를 훌쩍 건너뛰었다. 2층으로 올라가는 계단 밑 벽장 안에서 녀석들이 즐겁게 쌓아놓은 배설물 더미를 발견하자마자 '문제에 대처하기' 모드로 돌입한 것이다. 벽장 구석구석 진공청소기를 돌리고, 모든 음식과 오염 가능성이 있는 물건을 집 안에서 치우고, 해충 박멸 전문가를 불러 훈증 소독을 하고, 집 안의 벗겨낼 수 있는 모든 천을 벗겨내 세탁했다. 두 번씩. 그런 후 좀 번거롭고 짜증 나긴 해도 흰개미에게 침범당했던 목재를 완전히 없애는 것이 좋다는 해충 전문가의 조언에 따라, "좋아, 까짓거. 해치우자!" 하고 외친 후 실행에 옮겼다. 일주일 만에 우리 집에서는 '(흰)개미 새끼 한 마리' 안 보이게 됐다.

죽음

아마 당신은 내가 죽음이라는 주제를 언제쯤 다룰지 궁금했을 것이다. 햄스터나 고양이의 죽음이 아니라 인간의 죽음 말이다. 내가 불행 폭풍의 최상위에 있는 궁극적인 주제의 문을 열기를 기다렸을 것이다. '죽음' 앞에서 마음을 진정하고 대처하는 법에 대해 이 별 볼 일 없는 안티구루가 대체 뭐라고 말할지 궁금했을 게 분명하다.

어쩌면 이 부분은 책에 넣지 말아야 할지도 모른다. 지금까지 쌓은 전문가적 신뢰를 손상시키지 않으려면 말이다. 그러나 우리는 누구나 언젠가 죽음과 마주해야 한다. 자기 자신의 죽음이

든 사랑하는 사람의 죽음이든. 따라서 그 사실을 무시한다면 나는 일부러 무지한 척하는 사람이나 형편없는 사기꾼밖에 안 될 것이며, 나는 내 묘비명에 그렇게 적히는 것을 절대 원치 않는다. 게다가 나는 '항상' 죽음에 대해 생각한다. 그러니 재미와 이로움을 위해 나의 지나친 상상력을 활용하는 편이 낫다.

효과적인 논의를 위해, '아직 일어나지 않은 일'의 경우부터 생각해보자. 즉 죽음의 '가능성'에 대한 불안감부터 다루자.

나에게 이것은 가장 강력한 타란툴라에 해당한다. 나는 사소한 불안감이 드는 순간 거의 예외 없이 자동으로 죽음을 연상한다. 예컨대 버스 운전 기사가 하품을 하면, 머릿속에서 '도로 한가운데서 차량 연쇄 충돌이 일어나서 죽으면 어떡하지? 그러면 부모님이 내 유품을 정리하다가 내 침대 옆 탁자의 서랍을 열어볼 거고, 그러면… 아, 안 돼!'까지 직행하는 식이다. 일단 거기까지 가면 내 심리는 최악의 상태가 된다. 하지만 다행히 머릿속의 그 끔찍한 상상을 정면으로 노려본 후 이 책에서 설명한 나만의 유용한 도구를 활용해 그것을 무력화한다.

버스 기사가 자꾸 하품을 한다면? 사고의 '발생 가능성'을 생각해봐라. 그 기사는 아침 7시에 출발하는, 뉴욕주와 메인주 사이의 노선을 일주일에 닷새 동안 운행한다. 조금 피곤할 수는 있겠지만 이런 운전을 한두 번 해본 것도 아니고, 500밀리리터 텀

블러에 담은 아메리카노 커피를 설탕과 함께 싸 왔다.

신뢰도 높은 언론사에서 2040년쯤이면 지구가 사람이 살 수 없는 행성이 되리라고 전망하는 심각한 기사를 냈다면? 잘 생각해봐라. 이것이 내가 통제할 수 있는 종류의 일인가? 나는 이 상황과 관련해 내가 바꿀 수 없는 부분(사실 대부분이다)을 받아들인 후, 내가 통제할 수 있는 것(기후과학을 믿는 국회의원 후보에게 투표하고, 내 탄소발자국을 줄이고, 10년 후에는 더 내륙으로 이사한다)에 집중한다. 나는 쓸데없는 걱정을 버리고, 행동 반응을 정리하고, 마음의 평정을 되찾는다. 이 전략이 '항상' 효과가 있다고 주장하지는 않겠다. 불안과 패닉과 절망감은 꽤 힘이 세다. 거기다 괴로움까지 더해지면 금세 압도당할 수 있다. 하지만 나는 이 전략으로 '꽤 자주' 효과를 보고 있으며, '아무것도 안 하는 것'보다는 훨씬 낫다.

주변의 누군가가 말기 암 환자이거나 노화로 생의 끝에 점점 다가가고 있다면? 죽음의 불가피성을 받아들여라. 이 5등급 사건은 이미 예정된 일이다. 죽음을 실제로 마주하면 지독하게 괴로울 텐데 뭐하러 아직 일어나지도 않은 시점에 괴로움을 자초하는가? 나는 이 감정 강아지의 뾰족한 이빨에 꽉 붙들릴 때면 기를 쓰고 녀석을 몸에서 떼어낸다. 논리적이고 이성적이고 체계적인 방식으로 말이다. 나는 나 자신과 협상한다. '지금 이것 때문에 멘붕에 빠지지 않겠어. 베개에 파묻었던 고개를 들고, 그의 죽음을 슬퍼해야 하는 날이 오기 전까지는 내가 통제할 수 있는 것에 집중할 거야.' 이런 마음속 협상을 통해 불안감이 확 타오르기 전에 진압할 수 있다는 사실은, 말기 암을 이겨내는 것만큼이나 기적적인 일이다. 지독한 불안을 억누를 수 있다는 것만으로도 고려해볼 만한 전략 아닐까.

그러나 물론 당신이 예상할 수 없는 종류의 죽음도 있다. 전혀 예상치 못한 갑작스러운 소식이 당신을 불안과 걱정의 늪에서 세상이 무너지는 듯한 슬픔의 늪으로 옮겨다 놓는다. 죽음이 '이미 일어난 일'이 된다. 나는 당신에게 내 조언이 필요해질 일이 없기를 바란다고 말하면서 충격을 완화하려고 시도할 수도 있다. 하지만 당신에게 그 슬픔의 순간이 언젠가는 온다는 사실을 당신도 나도 잘 안다. 성의 없이 대충 얼버무리는 것은 내 특기가 아니다. 그렇다면 '그 일'이 찾아왔을 때 어떻게 대처해야 할까?

언젠가 의사 선생님이 내게 이런 말을 했다. 불안과 패닉을 촉발하는 가장 큰 원인 중의 하나는 '부당하다고 느끼는 기분'이라고 말이다. 내 생각에 사랑하는 누군가의 죽음을 경험할 때만큼 부당하다는 기분을 느끼는 경우는 없는 것 같다. 예상된 죽음이든 갑작스러운 죽음이든. 우리는 오랫동안 혼란스럽고도 다양한 감정에 휩싸이게 된다. 지독한 슬픔은 물론이거니와 심지어 분노도 일어난다. 그러나 엘리자베스 퀴블러 로스의 인상적인 저서 《죽음과 죽어감》에서 소개한 죽음의 5단계에서도 말하듯이, 나는 그 마지막 단계가 '수용'이라는 점에 특히 주목하고 싶다.

아마 지금쯤이면 당신도 수용에 이르는 방법에 대해 감을 잡았을 것이다. '그것이 현실임'을 받아들이는 수용, 그럼으로써 당신이 그것을 통과해 '자신의' 삶을 계속 살게 하는 수용을 말한다.

나도 겪어봤다. 충격적인 전화를 받았고, 몇 시간을 넋 놓고 울었고, 이후의 날들을 휘청거리며 살았고, 앞으로 이보다 더 힘든 일은 없을 거라고, 지금의 슬픔이 결코 가시지 않으리라고 생각했다. 하지만 나도 언젠가는 받아들이게 되리라는 사실을 알고 있었다. 산다는 건 그런 거니까.

세상에 영원히 사는 사람은 없다. 그 말은 곧, 스스로 인지하든 못 하든 우리는 다른 누군가의 죽음을 견뎌내고 있는 누군가를 날마다 마주친다는 의미다. 내 경우를 말하자면 최근에 친구가 남동생을 잃었고 동료 한 명이 남편을 잃었다. 친척들도 배우자를, 아버지를, 형제자매를, 삼촌을, 할아버지를 잃었다. 그들이 하루하루를 헤쳐나가면서 자신의 삶을 살아내는 것을 지켜보노라면 나도 그렇게 할 수 있으리라는 생각이 든다. 물론 쉽지 않을 테고 지독하게 가슴이 아프겠지만, 불가능한 일은 아니다.

그 일에 직면했을 때는 어떻게 해야 할까? 시간만이 유일한 해결책인 슬픔을 빼고 생각한다면, 죽음에 '대처하는' 과정의 현실적인 측면은 무엇일까? 대개 우리는 장례식을 준비하거나, 고인의 물건을 정리하거나, 유언 내용을 집행하는 등의 책임을 맡게 된다. 이런 일을 처리하는 건 우울하고 괴롭지만, 어떤 면에서는 도움도 된다. 그런 과정에 교묘한 마음 재주의 측면이 있다는 걸 알아챌 수 있을 것이다. 혼란스러운 머릿속을 잠시 제쳐두고 최대한 이성적인 사고가 요구되는 온갖 세세한 절차에 집중력을 쏟거나, 슬픔에 떨리는 손을 단순한 집안일들로 바쁘게 만드는 것이다.

어느 시점이 되면 당신도 모르는 새에 마음 진정하기 기술을 실천하고 있을 것이다. 그리고 그 효과를 몇 번 경험하고 나면 의도적으로 실천하는 데 더 능숙해질 것이다.

그러나 퀴블러 로스도 말했듯이, 슬픔이란 비선형적 프로세스다. 어떤 날은 좀 괜찮다가도 또 어떤 날은 미친 듯이 괴로워진다. 나는 "괜찮아질 거예요"라고 말하고 싶지는 않다. 하지만 괜찮아질 것이다. 남겨진 사람인 당신은 그 남겨졌다는 사실이 당신에게 의미하는 바에 따라 충실하게 살아갈 책임이 있다.

그리고 잊지 말기를. 감정 강아지를 마음껏 풀어놓을 때도 열쇠는 당신이 쥐고 있다는 사실 말이다. 그 열쇠를 사용하는 건 부끄러운 일이 아니다.

이제 당신 차례다

휴, 쉽지 않았다. 하지만… 현실적 관점을 유지하면서 감정적이 아니라 이성적으로 대처하면 골칫거리 목록의 일들이 조금 덜 두려워진다는 데, 그리고 약간 또는 상당히 감당하기 쉬워진다는 데 동의하겠는가? 또 이 기술들을 실제로 꽤 다양한 종류의 걱정에 적용할 수 있다는 사실도 수긍이 가는가? 부디 그러기를 바란다.

이 책의 목적은 다양한 종류의 문제에 도움이 될 도구를 제공하는 것이다. 부연하자면 나는 비교적 한적한 열대기후 지역에 살고 있지만, 그렇다고 해서 각양각색의 모든 독자에게 일어날지 모르는, 또는 일어날 가능성이 큰 모든 일과 그 대처법을 전부 소개할 만큼 시간과 여력이 충분한 것은 아니다. 그런 책이라면 어차피 당신에게도 별로 필요 없을 것이다.

당신에게 필요한 건 자신에게 일어날지 모르는, 또는 일어날 가능성이 큰 모든 일에 '적용'할 수 있는 심리적 도구다. 그 임무라면 잘 완료한 것 같다. 그리고 잠시 후에는 당신이 지금까지 배운 의사결정 및 문제해결 기술을 써먹을 기회를 얻을 것이다. 하지만 4장으로 넘어가기 전에 한 가지만 말해두고 싶다. 나는 당신을 믿는다.

4장

평온한 일상을 되찾는
최적의 루트 찾기

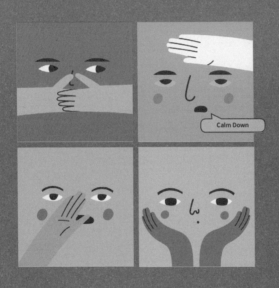

멘붕 탈출 시나리오

이번 장은 꽤 재밌을 것이다! 좀 엉뚱하고 별난 방식으로 구성해봤다. 지금까지 배운 모든 것을 실전에 적용하기 위해, 내가 상당히 개연성 있는 불운한 상황을 제시하고 당신이 거기에 반응하면서 스스로 문제를 해결해볼 것이다. 준비됐는가?

준비가 됐다면 다행이다. 방금 당신에게 아주 짜증 나는 일이 일어났으니까.

당신은 집에서 아주 먼 곳으로 여행을 하게 됐다. 비행기를 타야 할 만큼 먼 곳이고, 휴대용 가방에 짐이 다 안 들어가서 일부를 위탁 수하물로 부쳐야 할 만큼 긴 기간이다. 그리고 도착지에서 참여할 행사를 위해 몇 가지 매우 중요한 물건을 '수하물 가방 안에' 넣었다. 그런데 출발지와 최종 도착지 사이 어딘가에서 그 가방이 사라지고 말았다.

당신의 가방에는 무엇이 들어 있는가? 시나리오를 전개하기 위해 당신이 다음의 물건 중 하나 또는 그 이상을 잃어버렸다고 가정하자.

- 이번 일정에서 입어야 하는 중요한 의류. 예: 〈스타트렉〉 컨벤션 행사에서 착용할 스팍(Spock) 귀(스팍은 〈스타트렉〉의 등장인물로 크고 뾰족한 귀가 특징임-옮긴이), 절친의 생일파티에서

입을 맞춤 티셔츠('라시다의 마흔 번째 생일파티에 참석한 내가 가진 거라곤 폐경증후군뿐'이라는 문구가 새겨져 있음), 출장으로 가는 시상식에서 입을 턱시도, 북동 지역 볼링 챔피언십 대회에서 신을 행운의 볼링화

- 아끼는 잠옷
- 다른 것으로 대체하기 힘든 특별한 물건
- 모든 충전 케이블과 전선
- 여행할 때 늘 갖고 다니는 당신의 고양이 사진 액자

당신이라면 어떻게 하겠는가?

그런 표정으로 날 쳐다보지 마라. 나는 당신에 대해 잘 모른다. 하지만 지금부터 시작하려는 이 복잡한 시나리오 장치를 위해 일단 당신이 본능적으로 멘붕에 빠진다고 가정하겠다. 이 짜증 나는 상황에서 당신이 멘붕의 네 가지 얼굴 중 어떤 것으로 돌변할 가능성이 가장 큰지 선택해라. 그리고 그에 해당하는 내용 전개를 따라가며 문제 대처에 도전해봐라(당신이 도중에 어떤 선택을 하느냐에 따라 문제 대처에 실패할 수도 있다). 그런 다음, 네 가지 얼굴 중 다른 것을 선택해서 그것도 끝까지 따라가 봐라. 솔직히 말하면, 전부 다 읽어보길 권한다. 사실 당신은 오늘 밤에 딱히

다른 할 일도 없지 않은가.

자, 시작해보자.

- 만일 **불안**을 선택했다면, 249쪽을 봐라.

- 만일 **슬픔**을 선택했다면, 286쪽을 봐라.

- 만일 **분노**를 선택했다면, 294쪽을 봐라.

- 만일 **회피**를 선택했다면, 301쪽을 봐라.

이런 말이 도움이 될지 모르겠지만, 나는 '불안'을 고른 당신에게 완전히 공감한다. 나는 당신 삶에 대해 모르지만 '내' 삶은 누구보다 잘 안다. 만일 내가 버뮤다로 휴가를 떠나면서 챙겨 간 수영복과 세계문학 과목 기말고사를 대비해 읽어야 하는 《오디세이》, 게다가 화장품 파우치에 넣어놓고 깜빡한 공황장애약 병까지 잃어버렸다면 정말이지 불안해서 미쳐버릴 것이다. 해변에서 태닝도 못 하게 생겼고, 기말고사를 망칠지도 모르며, 낯선 곳에서 공황장애가 찾아왔을 때 달래줄 약도 없지 않은가.

나는 당신의 불안을 충분히 이해한다. 하지만 불안해한다고 해서 사라진 가방의 미스터리를 당장 풀 수 있는 것도 아니고, 스팍 귀와 고양이 사진을 되찾을 수 있는 것도 아니다. 당신은 일단 진정해야 한다.

어떻게? 그 방법은 이미 2장에서 다뤘다. 초점을 맞춰라!

- **불안감에게 손가락을 선물한다:** 250쪽을 봐라.
- **타인의 문제로 눈을 돌린다:** 251쪽을 봐라.
- **아니다, 난 그냥 패닉에 빠지겠어:** 253쪽을 봐라.

불안감에게 손가락을 선물한다

기억나겠지만 이것은 손을 움직여 뭔가 건설적인 행동을 해서 두뇌를 쉬게 하는 방법이다. 예를 들면 이렇다.

공항의 짐 찾는 곳에서 텅 빈 수하물 컨베이어벨트가 계속 돌아가는 모습을 보며 넋이 나간 채 서 있지만 말고 그 기분을 재빨리 털어버려야 한다. 손가락 두 개를 튕겨 '딱딱' 소리내기를 100번쯤 한다. 그리고 그 자리를 뜬다.

또는 가장 가까운 장식용 소품 가게로 들어가 물건들을 자세히 구경하면서 둘러본다. 만일 거기서 스트레스 해소용 고무공을 판다면(야호!) 그걸 사라. 고무공이 없다면 치실을 한 통 산다. 호텔로 가는 택시 안에서 치실을 꺼내 손가락에 피가 맺힐 때까지 실뜨기 놀이를 한다.

좀 진정이 되는가? 다행이다. 이제 불안을 잠재우는 두 번째 방법도 한번 시도해보겠는가, 아니면 곧장 문제 대처 단계로 넘어가겠는가?

- **'타인의 문제로 눈을 돌린다'도 해보겠다. 안 될 거 없지 않은가?**: 좋은 생각이다. 251쪽을 봐라.
- **이제 문제에 대처할 준비가 됐다**: 254쪽을 봐라.

타인의 문제로 눈을 돌린다

당신은 힘든 하루를 보내고 있다. 그것을 잠시 잊거나 당신의 문제 때문에 덜 괴로워지는 방법 중 하나는 남의 문제로 시선을 돌리는 것이다.

당신의 비행기 좌석 몇 줄 앞에서 악을 쓰며 우는 어린아이를 데리고 있던 부부를 떠올려봐라. 그들은 틀림없이 인간 부부 젤라 같은 아이 때문에 잠 한숨 못 잔채 비행기를 탔을 것이다. 그리고 〈스타트렉〉 행사장으로 가는 길에 택시를 탄다면 택시 기사와 대화를 나누면서 "기사님은 이번 주에 겪은 최악의 일이 뭐였어요?"라고 물어봐라. 수다스러운 택시 기사를 자주 만나본 내 경험에 따르면, 지금 당신이 처한 곤경은 지독한 집주인이나 엄청난 학자금 빚, 성질 더러운 전 부인에 관한 얘기 등등에 비하면 별일 아닌 것처럼 느껴질 것이다.

기분이 좀 나아지는가? 틀림없이 당신은 잠깐이나마 잃어버린 가방을 생각하지 않게 됐을 것이다. 요컨대 당신에게 필요한 건 남의 불행을 보며 위안을 얻는 것이다. 하지만 다시 앞으로 돌아가 '불안감에게 손가락 선물하기'를 시도해보고 싶다면 얼마든지 그렇게 해라.

- **유익한 내용이었다. 하지만 다른 방법도 해보고 싶다:** 250쪽
  을 봐라.

- **이제 문제에 대처할 준비가 됐다:** 254쪽을 봐라.

이런, 당신은 그냥 패닉에 빠지기로 했다!

당신은 너무 흥분한 나머지, 항공사 측에서 최대한 빨리 당신 가방을 찾는 일이 정말로 시급하며 그것은 당신이 사회를 맡은 밴드 콘테스트가 열리는 내일까지 특별 맞춤 제작한 스꽉 귀를 새로 배송받기는 절대 불가능하기 때문이라는 사실을 항공사 직원한테 제대로 설명하지도 못한다.

이래서는 당신한테 득 될 게 아무것도 없다. 정말로 멘붕 뒤집기를 시도해볼 생각이 없는 건가?

- **아니다, 불안감에 손가락을 선물하기를 실행해보겠다:** 잘 생각했다. 250쪽을 봐라.
- **내가 잘못 생각했다. 타인의 문제로 시선 돌리기를 해보겠다. 돌이켜 생각해보니 지금 이러고 있는 것보다 그편이 훨씬 현명할 것 같다:** 251쪽을 봐라.
- **제기랄, 이미 너무 많은 시간을 낭비했다. 곧장 문제 대처하기로 넘어가겠다:** 262쪽을 봐라.

불안에서 벗어났다!
이제 무엇을 해야 할까?

위기 상황을 잘 견뎌낸 당신! 당신은 우리 모두에게 희망의 횃불이다. 당신을 향해 살금살금 다가오는 멘붕 괴물을 인식하고 녀석을 성공적으로 밀어냈다. 심박수도 정상으로 떨어졌고 공황 발작에 빠지는 것도 피했다. 이제 여행의 나머지 일정을 위해 문제 해결에만(또는 적어도 문제 완화에만) 집중하면 된다. 당신은 이번 〈스타트렉〉 행사를 1년 동안 고대하며 기다렸다. 이제 문제에 대처하는 데 온 힘을 쏟을 때다.

상황 점검

당신은 잃어버린 물건들이 무엇인지 잘 안다. 현재 당신 위치가 어디인지, 필요한 시간 내에 스팍 귀를 새로 사거나 주문하기가 얼마나 쉬울지 또는 어려울지 생각해봐라. 다른 경로들도 곰곰이 생각해봐라. 분실된 가방이 내일 이른 항공편으로 당신이 있는 캔자스시티에 도착할 가능성이 있는 상황이라면, 밤새 낯선 도시를 돌아다니는 데 얼마나 많은 에너지를 쏟을 용의가 있는가? 그리고 촉박한 시간 내에 새 스팍 귀를 찾아낼 가능성이 얼마나 되는가? 또 〈스타트렉〉 행사 티켓을 구입하면서 신용카드 한도를 이미 확인해봤다면, 분실 가방에 들어 있던 모든 충전 케이블을 한꺼번에 살 수 있을 만큼 잔여 한도가(또는 여유 현금이) 충분하지 않다는 걸 알게 됐을 수도 있다. 피해 상황을 점검하고, 복구 가능성을 판단하고, 신속히 결정을 내려라.

RIO

당신의 RIO는 무엇인가? 하나를 골라라.

- **RIO 1: 분실된 가방이 제 발로 걸어올 리는 없으므로, 여기저기 알아볼 만한 곳들에 최대한 문의해놓은 후 밤에 푹 자고 힘을 내서 다음 날 아침을 맞이하기로 한다:** 269쪽을 봐라.
- **RIO 2: 그 특별한 물건을 최대한 빨리 구하거나 대체해야 한다. 그게 없으면 이번 여행은 아무 의미가 없다:** 277쪽을 봐라.

슬픔에서 벗어났다!
이제 무엇을 해야 할까?

위기 상황을 잘 견뎌낸 당신! 당신은 우리 모두에게 희망의 횃불이다. 당신을 향해 살금살금 다가오는 멘붕 괴물을 인식하고 녀석을 성공적으로 밀어냈다. 울고 싶은 만큼 실컷 울었고, 갑작스러운 불행 앞에서 자신을 잘 다독였다. 이제 여행의 나머지 일정을 위해 문제 해결에만(또는 적어도 문제 완화에만) 집중하면 된다.

상황 점검

당신은 잃어버린 물건들이 무엇인지 잘 안다. 현재 당신 위치가 어디인지, 필요한 시간 내에 그 물건을 새로 사거나 주문하기가 얼마나 쉬울지 또는 어려울지 생각해봐라. 다른 경로들도 곰곰이 생각해봐라. 분실된 가방이 내일 이른 항공편으로 도착할 가능성이 있는 상황이라면, 밤새 낯선 도시를 돌아다니는 데 얼마나 많은 에너지를 쏟을 용의가 있는가? 그리고 만일 내일 아침에 가방이 도착하지 않는다면, 당신이 생일파티용 맞춤 티셔츠와 생일선물까지 잃어버렸다는 사실을 알게 된 라시다를 달래는 데 많은 에너지가 필요할 것이다.

당신의 상황 대처 능력을 판단해봐라. 그리고 현금 보유량도. 비행기 티켓을 구입하면서 신용카드 한도를 이미 확인해봤다면, 분실 가방에 들어 있던 모든 충전 케이블을 한꺼번에 살 수 있을 만큼 잔여 한도가(또는 여유 현금이) 충분하지 않다는 걸 알게 됐을 수도 있다. 피해 상황을 점검하고, 복구 가능성을 판단하고, 신속히 결정을 내려라.

RIO

당신의 RIO는 무엇인가? 하나를 골라라.

- **RIO 1 : 분실된 가방이 제 발로 걸어올 리는 없으므로, 여기저기 알아볼 만한 곳들에 최대한 문의해놓은 후 밤에 푹 자고 힘을 내서 다음 날 아침을 맞이하기로 한다:** 271쪽을 봐라.
- **RIO 2 : 그 특별한 물건을 최대한 빨리 구하거나 대체해야 한다. 그게 없으면 이번 여행은 아무 의미가 없다:** 279쪽을 봐라.

분노에서 벗어났다!
이제 무엇을 해야 할까?

위기 상황을 잘 견뎌낸 당신! 당신은 우리 모두에게 희망의 횃불이다. 당신을 향해 살금살금 다가오는 멘붕 괴물을 인식하고 녀석을 성공적으로 밀어냈다. 당신은 분노를 발산하는 데 낭비할 에너지를 보다 유익하고 평화로운 행동에 사용했으며, '멕시코 공항 증후군'에 걸릴 가능성에서 벗어났다. 이제 여행의 나머지 일정을 즐기기 위해 문제 해결에만(또는 적어도 문제 완화에만) 집중하면 된다. 하지만 '즐기기 위해'는 좀 과장된 표현인지도 모르겠다. 당신이 떠난 여행은 업무적인 출장이고, 그나마 가장 마음에 드는 부분은 시상식 파티에서 새우 칵테일을 무제한 먹을 수 있다는 점일 테니까.

상황 점검

당신은 잃어버린 물건들이 무엇인지 잘 안다. 현재 당신 위치가 어디인지, 필요한 시간 내에 그 물건을 새로 사거나 주문하기가 얼마나 쉬울지 또는 어려울지 생각해봐라. 당신이 도착한 도시가 정장이 필요한 대규모 행사가 자주 열리는 곳이라면 턱시도 대여할 곳을 찾기가 어렵지 않을 수도 있지만, 다른 경로들도 잘 생각해봐라. 분실된 가방이 내일 이른 항공편으로 도착할 가능성이 있는 상황이라면, 밤새 낯선 도시를 돌아다니는 데 얼마나 많은 에너지를 쏟을 용의가 있는가? 또 법인카드의 이번 달 남은 한도를 고려할 때 그걸로 분실된 가방에 들어 있던 모든 충전 케이블을 구입해서는 안 될지도 모른다. 월요일에 인사팀의 헬렌에게 심각한 경고 이메일을 받고 싶지 않다면 말이다. 피해 상황을 점검하고, 복구 가능성을 판단하고, 신속히 결정을 내려라.

RIO

당신의 RIO는 무엇인가? 하나를 골라라.

- **RIO 1: 분실된 가방이 제 발로 걸어올 리는 없으므로, 여기저기 알아볼 만한 곳들에 최대한 문의해놓은 후 밤에 푹 자고 힘을 내서 다음 날 아침을 맞이하기로 한다:** 273쪽을 봐라.
- **RIO 2: 그 특별한 물건을 최대한 빨리 구하거나 대체해야 한다. 그게 없으면 이번 여행은 아무 의미가 없다:** 281쪽을 봐라.

타조 모드에서 벗어났다!
이제 무엇을 해야 할까?

위기 상황을 잘 견뎌낸 당신! 당신은 우리 모두에게 희망의 횃
불이다. 당신을 향해 살금살금 다가오는 멘붕 괴물을 인식하고
녀석을 성공적으로 밀어냈다. 당신 몸을 감싼 회피라는 망토를
벗어 던지고 전진을 위한 발걸음을 떼기 시작했다. 어쩌면 당신
은 가방을 찾을 수 있을지도 모른다. 이제 당신은 문제 해결에만
(또는 적어도 문제 완화에만) 집중하면 된다.

상황 점검

당신은 잃어버린 물건들이 무엇인지 잘 안다. 현재 당신 위치가
어디인지, 필요한 시간 내에 그 물건을 새로 사거나 주문하기가
얼마나 쉬울지 또는 어려울지 생각해봐라. 다른 경로들도 잘 생
각해봐라. 당신은 290밀리미터 사이즈의 KR 스트라이크포스
볼링화를 찾으러 돌아다니는 데 에너지를 쓰겠는가, 아니면 경
기를 위해 에너지를 비축해두겠는가? 호텔을 예약할 때 신용카
드 한도를 이미 확인했다면, 모든 충전 케이블과 맘에 드는 볼링
화를 한꺼번에 살 수 있을 만큼 잔여 한도가(또는 여유 현금이) 충
분하지 않다는 걸 알게 됐을 수도 있다. 피해 상황을 점검하고,

복구 가능성을 판단하고, 신속히 결정을 내려라.

RIO

당신의 RIO는 무엇인가? 하나를 골라라.

- RIO 1: 분실된 가방이 제 발로 걸어올 리는 없으므로, 여기저기 알아볼 만한 곳들에 최대한 문의해놓은 후 밤에 푹 자고 힘을 내서 다음 날 아침을 맞이하기로 한다: 275쪽을 봐라.
- RIO 2: 그 특별한 물건을 최대한 빨리 구하거나 대체해야 한다. 그게 없으면 이번 여행은 아무 의미가 없다: 283쪽을 봐라.

과부화된 뇌가 폭발 직전이지만
이대로 있을 수는 없다

당신은 일을 훨씬 더 어렵게 만들었다. 이미 패닉에 빠졌을 뿐만 아니라 머릿속에서는 최악의 시나리오가 계속 돌아간다. 지난번 헬스장에서 당신 옆에 있던, 잘 안 풀리는 연애 스트레스를 운동으로 푸는 게 분명해 보였던 그 여성의 자전거 바퀴만큼이나 격렬하게 말이다. 당신은 불안감에 짓눌려 있고 온갖 생각이 꼬리에 꼬리를 물고 일어난다. 그리고 이런 심리 상태는 나머지 여행 내내 당신을 괴롭힐 것이다. 하지만 당신이 자초한 일이다.

상황 점검

맑은 머리로 생각을 할 수가 없다. 그렇지 않은가? 사실 당신은 가방을 찾지 못한 채로 〈스타트렉〉 행사장에 가야 한다는 사실을 깨달은 직후에 몇 가지 새로운 상황을 추가로 자초했다. 먼저, 이 비극을 메신저 그룹 채팅방에 올려 알렸고 인디애나폴리스에서 오고 있는 코리가 내일 행사의 사회자인 당신 자리를 적극적으로 탐내고 있다. 게다가 채팅방에 들어가 소식을 전하느라 휴대전화 배터리가 나갔다. 이제는 충전 코드가 없다는 사실이 스팍 귀가 없다는 사실 못지않게 큰 재앙이 됐다.

RIO

멘붕에 빠지기 전이었다면, 당신의 RIO는 스팍 귀를 갖고 있으면서 이번 행사에 참여하지 않는 유일한 친구 고든에게 전화해 스팍 귀를 익일 특급 배송으로 부쳐달라고 부탁하는 일이었을 것이다. 하지만 이미 많은 시간을 낭비했고 고든은 깊이 잠들어 있을 시간이다. 따라서 현실적인 최선의 길은 새 충전 케이블을 사서 밤새 휴대전화를 충전한 후 내일 그룹 채팅방의 동태를 살피는 동시에, 캔자스시티 시내에서 스팍 귀 색깔의 고무찰흙과 순간접착제를 사는 일일 것 같다.

285쪽을 봐라.

통통 부은 눈은 뜨기도 어렵지만
이대로 있을 수는 없다

당신은 일을 훨씬 더 어렵게 만들었다. 계속 울기만 하느라 진이 다 빠진 데다가 화장은 엉망진창이 됐고 화장품 파우치도 없다. 오늘 밤엔 외출을 하고 싶어도 못 할 판이다. 찌는 듯한 더위에 마스카라와 아이라이너를 시커멓게 바른 채 테니스를 한 판 뛰고 난 사람 얼굴 같으니까. 물론, 그 생각을 하니까 더 격렬하게 슬퍼진다. 왜 이런 일은 항상 나한테만 일어나는 거야? 어째서 브렌다나 트레이시는 한 번도 가방을 잃어버리지 않는 거야?

설상가상으로, 페이스북 친구들한테서 걱정하는 반응을 얻고 싶어서 모호하고 슬픈 느낌의 밈을 폭풍처럼 올리느라 휴대전화 배터리까지 나가는 바람에 지금은 친구들의 댓글도 볼 수가 없다. 세상에! 지금보다 더 우울해질 수 있을까.

상황 점검
당신은 라시다를 위해 준비한 그 '끝내주는' 생일선물을 얼마 안 남은 파티 시간까지 절대 되찾지 못할 것이다. 지금 마음 같아서는 그냥 침대에 누워 이 망할 주말 내내 잠이나 자고 싶다. 그런데 아, 이런! 당신은 지금 사우스비치에 있고, 아끼는 잠옷이 버뮤다 삼각지대 어딘가에서 실종됐다는 사실이 방금 떠올랐다.

RIO

멘붕에 빠지기 전이었다면, 당신의 RIO는 무슨 수를 써서라도 가방을 찾는 일이었을 것이다. 또는 적어도 항공사를 닦달해서 무료 비행기 티켓을 얻어내는 일이었을 것이다. 그게 아니라면 쇼핑이라도 했을 것이다. 하지만 훌쩍이고 징징대고, SNS에 관심을 얻기 위한 모호한 문구를 올리느라 멘붕 자원을 너무 많이 낭비하고 말았다. 이제 당신이 택할 수 있는 최선은 너무 우울해서 파티 시작 시간에 맞춰 가지는 못한다고 알리고, 친구들 중 한 명에게서 내일 입을 옷을 빌릴 수 있기를 기대하는 것이다. 그것도 내일 침대 밖으로 나갈 기분이 날 경우의 얘기지만.

293쪽을 봐라.

아직도 화가 부글부글 끓어오르지만
이대로 있을 수는 없다

이런, 제길! 옛 같으니라고!! 험악하고 멍청한 말과 무례한 행동으로는 친구도 만들 수 없고 공항 보안직원들에게 영향도 미칠 수 없다는 사실이 드러났다. 다행히 당신은 경찰에 체포되지는 않았지만, 혈압이 미친 듯이 올라가고 심장은 쿵쾅대고 있으며 항공사 고객서비스팀에 진상 고객으로 찍히기 직전이다.

　게다가 분노에 떨면서 빅맥을 우걱우걱 먹다가 현재 갖고 있는 유일한 셔츠에 머스터드 소스를 쏟고 말았다.

상황 점검

분노의 감정에 몸을 내맡기는 바람에 상황이 훨씬 더 복잡해졌다. 지금 당신은 몹시 시급하게 해결해야 할 문제가 있고, 진상 탑승객을 찍은 유튜브 동영상(물론 당신이 주인공이다)으로 인한 피해를 최소화할 방법을 궁리해야 하며, 쇼핑 목록에 셔츠를 추가해야 하고, 게다가 너무 흥분한 탓에 시야까지 흐릿해졌다. 설상가상으로, 시상식 만찬에서 인사팀의 헬렌을 만나면 그녀에게 유튜브 동영상에 대해 어떻게 설명할지도 생각해야 한다. 해당 동영상 조회 수가 30만을 넘어섰다.

RIO

시간 · 에너지 · 돈 · 호의를 낭비하고 당신의 셔츠와 평판을 더럽히기 전이라면, 당신의 RIO는 호텔 도착 후 비즈니스 센터로 가서 인터넷에 접속해 신속히 구해야 할 물건들을 확보할 방법을 검색한 후 TV 코미디 프로그램을 보며 쉬는 일이었을 것이다. 하지만 지금 현실적으로 당신이 기대할 수 있는 최선은, 지역 담당 세일즈 매니저로서 부적절한 행동을 한 것 때문에 해고당하지 않는 것과 (만찬 초대 명단에서 삭제되지 않았다면) 퀴퀴한 냄새가 나지 않는 턱시도를 대여하는 것이다.

300쪽을 봐라.

게임 오버,
당신은 멘붕의 늪에서 나오는 데 실패했다

안타깝지만 타조 모드에 빠진 경우의 최종 결과는 이것이다. '절대로 문제에 대처할 수 없음.' 안 됐지만 게임 오버다. 부디 다음엔 잘할 수 있기를 바란다.

그러나 만일 당신이 앞으로는 마음을 고쳐먹고 문제 대처를 위해선 일단 마음의 평정을 되찾아야 한다는 내 조언을 들어보겠다면, 303쪽 또는 305쪽을 보길 권한다.

또한 이 책을 처음부터 다시 읽는 것도 좋겠다. 아무래도 당신은 집중해서 읽지 않은 것 같으니까.

▶ 다른 시나리오를 선택하려면 248쪽으로 돌아간다. 또는 에필로그로 건너뛴다.

스타트렉 행사

RIO 1: 분실된 가방이 제 발로 걸어올 리는 없으므로, 여기저기 알아볼 만한 곳들에 최대한 문의해놓은 후 밤에 푹 자고 힘을 내서 다음 날 아침을 맞이하기로 한다.

트리아지 및 대처하기

현재 가장 시급한 것은 당신의 문제를 정식으로 접수해줄 항공사 직원을 접촉하는 일, 그리고 가방을 추적해 되찾을 방법을 알아낼 수 있는 다른 사람들은 누가 있는지 알아보는 일이다. 새 스팍 귀를 구하기 위해 캔자스시티를 샅샅이 뒤지는 것보다 맞춤 제작한 당신의 스팍 귀를 되찾는 것이 훨씬 낫지 않은가.

만일 휴대전화 배터리가 간당간당하다면 '새 충전 케이블 구매'를 우선순위 앞쪽으로 이동시킨다. 아직 공항을 벗어나지 않았다면 비교적 쉽게 구할 수 있을 것이다. 평정을 되찾지 못한 상태로 이미 공항을 빠져나왔다고 해도 크게 걱정할 것 없다. 택시 기사에게 가장 가까운 마트나 전자제품 매장으로 가자고 한 후 요금을 좀더 얹어주고 15분만 기다려달라고 부탁한 다음 매장에 들어가 필요한 물건을 빛의 속도로 쓸어 담아라.

만일 렌터카를 사용하거나 친구가 차를 몰고 데리러 나온 상황이라면 훨씬 더 수월하다. 시간이 더 넉넉하므로 당신이 가진 돈과 에너지가 허락하는 한도 내에서 분실한 다른 물건들도 구입할 수 있을 것이다. 아마 호텔에 무료 세면도구가 비치돼 있을 테니, 일단은 마트에서만 구할 수 있는 물건들부터 사라.

만약 근처에서 가장 가까운 가게가 주유소 옆의 편의점뿐이라면 거기라도 들러봐라. 계산대의 10대 알바생이 카운터 뒤의 충전기에 자기 휴대전화를 꽂아놓았을 가능성이 크고, 값을 후하게 쳐주면 그 알바생은 충전 케이블을 당신에게 기꺼이 팔지도 모른다.

이제 됐다!

일이 터졌지만 당신은 용케 평정을 되찾고 상황을 점검한 후 RIO를 판단하고 트리아지를 실행했다. 그럼으로써 최악의 가방 분실 사태에서 최선의 결과를 유도했다. 승리한 당신, 캔자스시티의 바비큐를 마음껏 즐기시라.

▶ 다른 시나리오를 선택하려면 248쪽으로 돌아간다. 또는 에필로그로 건너뛴다.

라시다의 생일파티

RIO 1: 분실된 가방이 제 발로 걸어올 리는 없으므로, 여기저기 알아볼 만한 곳들에 최대한 문의해놓은 후 밤에 푹 자고 힘을 내서 다음 날 아침을 맞이하기로 한다.

트리아지 및 대처하기

현재 가장 시급한 것은 당신의 문제를 정식으로 접수해줄 항공사 직원을 접촉하는 일, 그리고 가방을 추적해 되찾을 방법을 알아낼 수 있는 다른 사람들은 누가 있는지 알아보는 일이다. 라시다가 당신이 생일 기념사진 촬영을 망치기 직전이라는 사실을 몰라야 일이 훨씬 더 수월해진다.

만일 휴대전화 배터리가 간당간당하다면 '새 충전 케이블 구매'를 우선순위 앞쪽으로 이동시킨다. 아직 공항을 벗어나지 않았다면 비교적 쉽게 구할 수 있을 것이다. 평정을 되찾지 못한 상태로 이미 공항을 빠져나왔다고 해도 크게 걱정할 것 없다. 택시 기사에게 가장 가까운 마트나 전자제품 매장으로 가자고 한 후 요금을 좀더 얹어주고 15분만 기다려달라고 부탁한 다음 매장에 들어가 필요한 물건을 빛의 속도로 쓸어 담아라.

만일 렌터카를 사용하거나 친구가 차를 몰고 데리러 나온 상황이라면 훨씬 더 수월하다. 시간이 더 넉넉하므로 당신이 가진 돈과 에너지가 허락하는 한도 내에서 분실한 다른 물건들도 구입할 수 있을 것이다. 아마 호텔에 무료 세면도구가 비치돼 있을 테니, 일단은 마트에서만 구할 수 있는 물건들부터 사라.

만약 근처에서 가장 가까운 가게가 주유소 옆의 편의점뿐이라면 거기라도 들러봐라. 계산대의 10대 알바생이 카운터 뒤의 충전기에 자기 휴대전화를 꽂아놓았을 가능성이 크고, 값을 후하게 쳐주면 그 알바생은 충전 케이블을 당신에게 기꺼이 팔지도 모른다

이제 됐다!

일이 터졌지만 당신은 용케 평정을 되찾고 상황을 점검한 후 RIO를 판단하고 트리아지를 실행했다. 그럼으로써 최악의 가방 분실 사태에서 최선의 결과를 유도했다. 승리한 당신, 오늘 저녁엔 쿠바 리브레를 마음껏 즐겨라.

▶ 다른 시나리오를 선택하려면 248쪽으로 돌아간다. 또는 에필로그로 건너뛴다.

출장

RIO 1: 분실된 가방이 제 발로 걸어올 리는 없으므로, 여기저기 알아볼 만한 곳들에 최대한 문의해놓은 후 밤에 푹 자고 힘을 내서 다음 날 아침을 맞이하기로 한다.

트리아지 및 대처하기

현재 가장 시급한 것은 당신의 문제를 정식으로 접수해줄 항공사 직원을 접촉하는 일, 그리고 가방을 찾아내 당신에게 보내줄 수 있는 다른 사람들은 누가 있는지 알아보는 일이다.

만일 휴대전화 배터리가 간당간당하다면 '새 충전 케이블 구매'를 우선순위 앞쪽으로 이동시킨다. 아직 공항을 벗어나지 않았다면 비교적 쉽게 구할 수 있을 것이다. 평정을 되찾지 못한 상태로 이미 공항을 빠져나왔다고 해도 크게 걱정할 것 없다. 택시 기사에게 가장 가까운 마트나 전자제품 매장으로 가자고 한 후 요금을 좀더 얹어주고 15분만 기다려달라고 부탁한 다음 매장에 들어가 필요한 물건을 빛의 속도로 쓸어 담아라.

만일 렌터카를 사용하는 상황이라면 훨씬 더 수월하다. 시간이 더 넉넉하므로 당신이 가진 돈과 에너지가 허락하는 한도 내에서 분실한 다른 물건들도 구입할 수 있을 것이다. 아마 호텔에 무료 세면도구가 비치돼 있을 테니, 일단은 마트에서만 구할 수 있는 물건들부터 사라.

그리고 충전한 휴대전화로 아내한테 전화해 당신의 재킷 사이즈를 물어봐라. 틀림없이 당신은 모를 테니까.

이제 됐다!

일이 터졌지만 당신은 용케 평정을 되찾고 상황을 점검한 후 RIO를 판단하고 트리아지를 실행했다. 그럼으로써 최악의 가방 분실 사태에서 최선의 결과를 유도했다. 승리한 당신, 오늘 저녁엔 근사한 룸서비스를 즐기시길.

▶ 다른 시나리오를 선택하려면 248쪽으로 돌아간다. 또는 에필로그로 건너뛴다.

북동 지역 볼링 챔피언십

RIO 1: 분실된 가방이 제 발로 걸어와 나타날 리는 없으므로, 여기저기 알아볼 만한 곳들에 최대한 문의해놓은 후 밤에 푹 자고 다시 힘을 내서 다음 날 아침을 시작하기로 한다.

트리아지 및 대처하기

현재 가장 시급한 것은 당신의 문제를 정식으로 접수해줄 항공사 직원을 접촉하는 일, 그리고 가방을 추적해 되찾을 방법을 알아낼 수 있는 다른 사람들은 누가 있는지 알아보는 일이다.

만일 휴대전화 배터리가 간당간당하다면 '새 충전 케이블 구매'를 우선순위 앞쪽으로 이동시킨다. 아직 공항을 벗어나지 않았다면 비교적 쉽게 구할 수 있을 것이다. 평정을 되찾지 못한 상태로 이미 공항을 빠져나왔다고 해도 크게 걱정할 것 없다. 택시 기사에게 가장 가까운 마트나 전자제품 매장으로 가자고 한 후 요금을 좀더 얹어주고 15분만 기다려달라고 부탁한 다음 매장에 들어가 필요한 물건을 빛의 속도로 쓸어 담아라.

만일 렌터카를 사용하거나 친구가 차를 몰고 데리러 나오는 상황이라면 훨씬 더 수월하다. 시간이 더 넉넉하므로 당신이 가진 돈과 에너지가 허락하는 한도 내에서 분실한 다른 물건들도 구입할 수 있을 것이다. 이코노로지에는 무료 세면도구가 없을 가능성이 있으니 치약과 데오도란트 사는 것도 잊지 마라.

그리고 지방 도시라 해도 볼링 챔피언십을 개최할 정도라면 괜찮은 볼링화 가게 하나쯤은 있을 것이다. 지금 구글로 검색한 뒤 내일 아침 눈 뜨자마자 가봐라.

이제 됐다!

일이 터졌지만 당신은 용케 평정을 되찾고 상황을 점검한 후 RIO를 판단하고 트리아지를 실행했다. 그럼으로써 최악의 가방 분실 사태에서 최선의 결과를 유도했다. 승리한 당신, 오늘 저녁엔 맛있는 치즈 스테이크 샌드위치를 즐기시길.

▶ 다른 시나리오를 선택하려면 248쪽으로 돌아간다. 또는 에필로그로 건너뛴다.

스타트렉 행사

RIO 2: 그 특별한 물건을 최대한 빨리 구하거나 대체해야 한다. 그게 없으면 이번 여행은 아무 의미가 없다.

트리아지 및 대처하기

당신은 항공사 측에서 이 문제를 신속히 해결해줄지 전혀 믿음이 안 간다. 그래서 고객서비스팀을 재촉하느라 소중한 시간과 휴대전화 배터리를 낭비하는 대신, 해결이 가장 시급한 물건의 목록을 정리한 후 그것을 확보할 계획을 세운다.

- **무엇보다도, 충전 케이블**: 〈스타트렉〉 행사 공식 앱 없이 그곳까지 찾아가려면 엄청난 행운이 필요하다. 휴대전화가 없으면 당신은 넓디넓은 컨벤션센터를 표류하게 될 거다.
- **스팍 귀**: 가장 좋은 방법은 이번 행사의 전용 채팅방에 들어가 여분 스팍 귀를 가져온 사람이 있는지 물어보는 것이다(물론 이렇게 하려면 인터넷 접속이 가능해야 한다. 따라서 휴대전화나 노트북 충전이 먼저다).
- **페브리즈**: 당신은 다행히 스타트렉 티셔츠를 입고 비행기에 탔다. 하지만 내일 또 입으려면 땀 냄새를 없애야 하므로 섬

유탈취제가 필요하다.

아끼는 잠옷과 고양이 사진 액자를 잃어버린 건 가슴 아프지만, 잠이야 알몸으로 자도 되고 이제 휴대전화를 충전했으니 내일 아침에 일어나 고양이를 봐주고 있는 친구와 영상통화를 하면서 녀석이랑 인사를 하면 된다.

축하한다!

일이 터졌지만 당신은 용케 평정을 되찾고 상황을 점검한 후 RIO를 판단하고 트리아지를 실행했다. 그럼으로써 최악의 가방 분실 사태에서 최선의 결과를 유도했다. 〈스타트렉〉에서 스팍이 말했듯이, 장수와 번영을 빈다.

▶ 다른 시나리오를 선택하려면 248쪽으로 돌아간다. 또는 에필로그로 건너뛴다.

라시다의 생일파티

RIO 2: 그 특별한 물건을 최대한 빨리 구하거나 대체해야 한다. 그게 없으면 이번 여행은 아무 의미가 없다.

트리아지 및 대처하기

당신은 항공사 측에서 이 문제를 신속히 해결해줄지 전혀 믿음이 안 간다. 그래서 고객서비스팀을 재촉하느라 소중한 시간과 휴대전화 배터리를 낭비하는 대신, 해결이 가장 시급한 물건의 목록을 정리한 후 그것을 확보할 계획을 세운다.

- **무엇보다도, 충전 케이블:** 이 모든 엿 같은 상황의 존재 이유는 인스타그램 스토리에 올리기 위해서다.
- **라시다에게 줄 생일선물:** 생일파티용 맞춤 티셔츠를 분실한 탓에 이미 난처한 상황이 예견되고 있다. 친구들은 당신이 그 옷을 입기 싫어서 '가방 분실' 이야기를 지어냈다고 생각할 것이다(그러고 보니… 맞는 말 같기도). 어쨌든 빈손으로 생일파티에 갈 수는 없으니 더욱더 빨리 스마트폰을 살려내야 한다. 가장 가까운 화장품 브랜드 매장을 찾아야 하고, 거기까지 가려면 리프트 앱에 접속해야 하니까.

- **다음 갈 곳, 쇼핑몰:** 최소한 기본적으로 파티 드레스와 신발은 있어야 한다. 비행기에서 신고 있던 어그 부츠를 신고 갈 수는 없다. 이 물건들과 선물을 사는 데 얼마가 드느냐에 따라, 주말을 버티게 해줄 저렴한 비키니와 여름용 원피스 한 벌까지 구매할 수 있을지도 모른다. 기본 세면도구는 호텔에 있겠지만 자외선 차단제는 잊지 말고 사라. 당신의 피부는 소중하니까. 아끼는 잠옷을 잃어버린 건 꽤 속상한 일일 것이다. 스물네 살 된 그 티셔츠는 당신에게 가장 오랫동안 의리를 지켜온 상대니까. 그런데 이번 주말에 새 원피스를 입고 나쁜 태도만 좀 고친다면, 잠옷 따위는 싹 잊게 해줄 스물네 살 된 '사람'을 만날 수 있을지도 모른다.

축하한다!

일이 터졌지만 당신은 용케 평정을 되찾고 상황을 점검한 후 RIO를 판단하고 트리아지를 실행했다. 그럼으로써 최악의 가방 분실 사태에서 최선의 결과를 유도했다. 마르가리타 칵테일은 내가 쏜다!

▶ 다른 시나리오를 선택하려면 248쪽으로 돌아간다. 또는 에필로그로 건너뛴다.

출장

RIO 2: 그 특별한 물건을 최대한 빨리 구하거나 대체해야 한다. 그게 없으면 이번 여행은 아무 의미가 없다.

트리아지 및 대처하기

당신은 항공사 측에서 이 문제를 신속히 해결해줄지 전혀 믿음이 안 간다. 그래서 고객서비스팀을 재촉하느라 소중한 시간과 휴대전화 배터리를 낭비하는 대신, 해결이 가장 시급한 물건의 목록을 정리한 후 그것을 확보할 계획을 세운다.

- **무엇보다도, 충전 케이블:** 휴대전화 충전 케이블뿐만 아니라 노트북 케이블도 그 가방에 들어 있었다. 출장 현황 보고를 빨리, 제대로 하지 않으면 당신 상사는 이번 출장이 당신의 마지막 출장이 되게 할 것이다.
- **특별한 물건 1:** 만일 조악한 조각상처럼 생긴 그 상패의 대체물을 찾지 못한다면, 나중에 어색하기 짝이 없는 퇴사 인터뷰 때 헬렌의 책상에서 어디에다 시선을 둘 것인가?
- **특별한 물건 2:** 상패의 대체물을 구한다고 가정하면, 당신은 볼룸 A에서 열리는 정장 차림 만찬에 그걸 가지고 참석해야

할 테고, 그러려면 임시 턱시도와 이런저런 액세서리가 필요하다.

슬프게도 당신이 챙겨 온 멋진 마티니 술잔 무늬가 들어간 나비넥타이와 올리브 잎 모양의 커프 링크스는 행방불명 상태다. 따라서 평범한 대여 턱시도로 때워야 한다. 하지만 긍정적인 면도 있다. 그걸 입으면 가방을 잃어버린 슬픔을 무제한 새우 칵테일로 달래는 동안 사람들 사이에서 눈에 잘 안 띌 것이다.

축하한다!

일이 터졌지만 당신은 용케 평정을 되찾고 상황을 점검한 후 RIO를 판단하고 트리아지를 실행했다. 그럼으로써 최악의 가방 분실 사태에서 최선의 결과를 유도했다. 헬렌도 당신을 자랑스러워할 거다.

▶ 다른 시나리오를 선택하려면 248쪽으로 돌아간다. 또는 에필로그로 건너뛴다.

북동 지역 볼링 챔피언십

RIO 2: 그 특별한 물건을 최대한 빨리 구하거나 대체해야 한다. 그게 없으면 이번 여행은 아무 의미가 없다.

트리아지 및 대처하기

당신은 항공사 측에서 이 문제를 신속히 해결해줄지 전혀 믿음이 안 간다. 그래서 (웅크린 마음을 펴고 기운을 내서) 고객서비스팀을 재촉하느라 소중한 시간과 휴대전화 배터리를 낭비하는 대신, 해결이 가장 시급한 물건의 목록을 정리한 후 그것을 확보할 계획을 세운다.

- **무엇보다도, 충전 케이블:** 구글맵이 없으면 펜실베이니아주의 소도시에서 길을 찾기가 훨씬 더 암담해진다.
- **볼링화:** 당신이 챙겨 왔던 원래 볼링화만큼 편하고 익숙한 신발을 찾기는 힘들겠지만 맨발로 경기를 하는 것은 규칙에 어긋난다. 게다가 당신의 최대 무기인 훅볼(hook ball, 곧게 전진하다가 핀 앞에서 구부러지는 볼-옮긴이)을 하려면 대여 볼링화보다는 자기 신발이 더 믿음직스러울 거다.
- **팀 마스코트:** 박제 방울뱀 '스트라이크'는 당신 팀이 먼 곳으

로 경기를 떠날 때마다 늘 함께한다. 그리고 이번엔 선수들 중에 당신이 스트라이크를 맡아서 챙겨 올 차례였다(생각해보니 바로 이것 때문에 공항 측에서 당신의 가방을 압수했을 가능성도 있다). 솔직히 말하면 이 문제는 해결할 가능성이 작다. 하지만 현재 타조 모드에서 탈출한 당신은 적어도 가방 분실을 없던 일처럼 믿으려고 애쓰며 회피하지는 않는다. 어쨌든 스트라이크는 그보다 나은 대우를 받을 자격이 있다.

당신이 아끼는 볼링화는 아직 실종 상태지만, 이번 경기에서 우승만 한다면 상금으로 멋진 새 신발을 사고도 남을 것이다.

축하한다!

일이 터졌지만 당신은 용케 평정을 되찾고 상황을 점검한 후 RIO를 판단하고 트리아지를 실행했다. 그럼으로써 최악의 가방 분실 사태에서 최선의 결과를 유도했다. 기분이 훨씬 나아지지 않았는가?

▶ 다른 시나리오를 선택하려면 248쪽으로 돌아간다. 또는 에필로그로 건너뛴다.

스타트렉 행사

RIO 3: 고무찰흙과 순간접착제

아무리 멋진 사람이라도 자포자기한 모습과 고무찰흙으로 만든 귀를 붙인 모습은 멋짐과 한참 멀어진다. 패배를 인정하고, 사회자 자리를 인디애나폴리스의 코리에게 넘겨준 후, 그나마 남은 멘붕 자원을 숙면을 취하는 데 써야 할 때다. 그러면 일요일에 열리는 댄스파티는 그럭저럭 즐길 수 있을 것이다.

만일 당신이 앞으로는 문제 대처를 위해 일단 마음의 평정을 되찾아야 한다는 내 조언을 들을 생각이 있다면, 250쪽 또는 251쪽으로 돌아가라. 스팍도 말했듯이, 변화는 모든 존재의 필수적인 과정이다.

▶ 다른 시나리오를 선택하려면 248쪽으로 돌아간다. 또는 에필로그로 건너뛴다.

당신은 '슬픔'의 늪에 빠지고 말았다

그래, 이해한다. 정말 슬플 거다. 특히 비행기에서 두 시간 동안 영화 〈라이언〉을 보고 난 직후라 더 그럴 거다. 사람들은 당신이 짐 찾는 곳 앞에서 울고 있는 이유가 영화의 여운이 가시지 않아서라고 생각할지 모르지만, 사실 당신은 거지 같은 일이 벌어질 때면 원래 눈물부터 흘리는 타입이다. 괜찮다. 사람은 누구에게나 각자의 사정이 있는 거고, 누군가의 어떤 사정은 더 슬프기 마련이니까.

분실된 가방 안의 정확히 어떤 물건이 당신의 눈물샘을 터뜨렸는가? 무엇보다도, '라시다의 마흔 번째 생일파티에 참석한 내가 가진 거라곤 폐경증후군뿐'이라고 적힌 맞춤 티셔츠는 다른 것으로 대체하기가 거의 불가능하다. 그리고 아끼는 잠옷은 또 어떤가? 또 한바탕 울음이 터지려는 당신 얼굴이 눈에 선하다. 잠시 감정 강아지를 풀어놓아도 뭐라고 하지 않겠다. 하지만 이번 여행을 망치고 싶지 않다면 그리고 분실된 가방을 다시 만날 가능성을 높이려면, 이제 감정 강아지를 가두고 평정을 되찾아야 한다.

하지만 어떻게?

우선 기분 전환부터 해야 한다. 자신을 다독이기 위해 아래 방법 중 하나를 골라 실행한다.

- **웃음은 최고의 명약이다:** 288쪽을 봐라.

- **자신에게 멋진 것을 선물한다:** 290쪽을 봐라.

- **아니다, 난 그냥 슬픔의 늪을 뒹굴겠다:** 좋을 대로 해라. 292쪽
  을 봐라.

웃음은 최고의 명약이다

물론 지금 당신이 처한 낭패 상황에서 재밌는 구석이라곤 눈곱만큼도 없다. 또 나는 당신의 상황을 남의 일이라고 가볍게 여길 생각은 조금도 없다. 하지만⋯ 이 와중에도 재미 요소를 좀 찾아보면 그나마 기분이라도 좀 나아지지 않을까?

수하물 컨베이어벨트에 더 이상 나올 가방이 없음을 깨닫는 순간, 당신 마음속엔 1994년부터 잠옷으로 입어온 '하드록 데이토나 비치' 로고가 새겨진 XXL 사이즈 티셔츠가 제일 먼저 떠올랐다. 물론 울컥했을 것이다. 하지만 기억을 조금 더 깊이 파고들어 그 티셔츠에 얽힌 우스꽝스러운 사연을 떠올려보면 어떨까? 어느새 얼굴에 미소가 떠오를지도 모른다.

이제 심호흡을 하고. 공항 와이파이에 접속해라. 그리고 유튜브에 들어가 다음 검색어를 넣어라.

- Hey cat, Hey
- Alan, Alan Alan
- Dogs: 1 Nash: 0

어떤가, 기분이 좀 나아졌는가? 최소한 울음은 뚝 그쳤는가? 좋다. 그 정도만 해도 잘했다(이걸 봐도 계속 울상을 벗어나지 못한다면, 난 두 손 두 발 다 들겠다. 당신의 웃음 세포는 몽땅 죽었다). 이제 더 확실한 기분 전환을 위해 다른 방법도 해보겠는가, 아니면 곧장 문제 대처하기로 넘어가겠는가?

- **좀더 확실하게 기분 전환을 하는 것도 나쁘지 않겠다:** 290쪽을 봐라.
- **문제 대처하기로 넘어가고 싶다:** 256쪽을 봐라.

자신에게 멋진 것을 선물한다

이건 내가 애용하는 방법이기도 하다. 스트레스를 받거나 울적할 때 어째서 엄청나게 먹어대거나 술을 마시거나 쇼핑을 하고 싶어지는지 나도 모르겠지만, 바로 그게 도움이 된다. 만일 내가 가방을 잃어버린 채 공항을 나와야 한다면, 시나몬 빵 세 개와 독특하게 생긴 술잔 하나와 최신 연예 주간지 한 권을 사서 나오겠다.

항공사 직원이 '수하물 카트들을 다시 한번 확인'하는 한 시간 동안 당신이 시간을 때우기에는 술과 디저트와 알코올 디저트를 파는 공항의 식당이나 바가 더 나을지도 모른다. 만약 당신이 술을 절대 안 마시는 사람이라면, 내가 확실한 소식통한테 들은 다음 정보를 참고하기 바란다. 어떤 순간에도 공항에는 당신이 먹어 치울 수 있는 것보다 훨씬 많은 콤보스 체다치즈 프레첼이 존재한다. 우리 같이 도전해볼까?

또 이렇게 생각해봐라. 한편으로 생각하면, 잃어버린 가방을 찾지 못할 경우 라시다의 생일파티에서 은근히 왕따를 당할 것이다. 하지만 다른 한편으로 생각하면, 맞춤 티셔츠를 잃어버린 일을 핑계로 섹시한 다른 옷을 사서 입으면 어떨까? 다른 친구들이 전부 '폐경증후군' 티셔츠를 입고 있을 때 당신은 '가장 섹시한 기집애'가 될 것이다.

생각만 해도 즐거운가? 그러길 바란다. 하지만 슬픔에서 빠져 나오기 위해 조금 더 자신을 다독이고 싶다면 다른 방법도 있다. 아니면 문제 대처하기로 넘어가도 좋다.

- **기분이 좀 나아졌지만 웃음 요법도 해보고 싶다:** 288쪽을 봐라.
- **이제 문제에 대처할 준비가 됐다:** 256쪽을 봐라.

당신은 슬픔의 늪을 뒹굴기로 했다

혹시 방금 들었는가? "우왕 왕 왕 와앙~" 하는 슬픈 트롬본 소리를. 당신의 여행에 좋은 징조는 아닌 것 같다.

당신은 맥 빠진 걸음걸이로 간신히 택시를 잡아타고, '오, 슬프도다!'를 온몸으로 발산하면서 호텔 방으로 올라와, 라시다의 생일파티에 가지 말고 침대에 앉아 항공사의 전화를 기다리면서 미니바에 있는 술이나 마실까 생각한다. 상당한 돈을 들여 준비한(이번 주말을 위해 왁싱까지 했다) 여행을 즐길 생각에 집중하지 못하고, 자기 자신을 딱하게 여기느라 온 에너지를 쏟고 있다. 침울함을 훌훌 털어버리라고 말해주고 싶지만, 당신은 슬픔에 허우적대기로 한 순간 이미 스스로의 운명을 결정했다.

정말 그렇게 앉아만 있을 텐가? 멘붕 뒤집기를 해볼 생각이 '정말' 없는가?

- **'웃음은 최고의 명약이다'를 해보겠다. 그냥 이러고 있는 것보다는 나을 테니까:** 288쪽을 봐라.
- **나 자신에게 멋진 것을 선물하겠다:** 290쪽을 봐라.
- **아니다, 나는 처절하게 순교할 운명이다. 문제 대처로 넘어가겠다:** 264쪽을 봐라.

라시다의 생일파티

RIO 3: 너무 우울해서 파티 시작 시간에 맞춰 가지는 못한다고 알리고 친구들 중 한 명에게서 내일 입을 옷을 빌릴 수 있기를 기대한다.

저런, 쯧쯧. 가방 좀 잃어버린 일로 이렇게 깊은 우울의 구렁텅이에 빠질 정도라면 당신은 어차피 구제 불능인 사람이었던 것 같다. 만약 툭하면 눈물부터 흘리는 자신이 넌더리가 나서 앞으로는 문제 대처를 위해 일단 마음의 평정을 되찾고 싶다면, 288쪽이나 290쪽을 참고해라.

또는 새로운 아이디어 하나를 제안하겠다. 이 책을 처음부터 다시 읽어보길. 약간의 재교육은 결코 해롭지 않으니까.

▶ 다른 시나리오를 선택하려면 248쪽으로 돌아간다. 또는 에필로그로 건너뛴다.

헐크 호건 씨, 흥분 좀 가라앉히시길. 화난 건 이해한다. 하지만 당신의 빈 카트를 벽에 쿵쿵 찧어봐야 사라진 가방이 나타날 리 없고 공항 보안요원들만 불러들일 뿐이다.

당신이 지금 항공사 안내데스크 앞에서 폭발하려는 이유는 가방 안의 어떤 물건 때문인가? 시상식장에서 입어야 하는 턱시도를 잃어버려서? 아니면 인사팀의 헬렌이 받을 공로상 상패를 이번 주주총회에 가져오는 임무를 맡았는데, 이제 목요일 오후 5시까지 그 조악한 상패의 대체물을 구해야 하는 상황에 빠졌기 때문인가?

그렇다, 이건 진짜 말도 안 되는 상황이다. 당신은 이 비행기에 1등으로 탑승한 승객이었다. 항공사 놈들이 어떻게 그런 당신의 가방을, 아니 '당신의 가방만' 잃어버릴 수 있단 말인가? 그 이유야 나도 모른다. 하지만 이건 확실하다. 당신은 지금 제발 진정해야 한다.

지금 이 상황에서 대체 어떻게?

몇 가지 방법이 있다. 앞에서 이미 설명했다. 다음 중 하나를 골라라.

- **운동을 한다:** 296쪽을 봐라(먼저 스트레칭을 해두어도 좋다).

- **복수를 구상한다:** 297쪽을 봐라.

- **사실 난 주먹으로 벽을 칠 구실이 필요했다:** 마음대로 하시길.
  299쪽을 봐라.

운동하기

현명한 선택이다. 어떤 공항이든 깡충깡충 뛰거나 점프를 할 수 있는 널찍한 통로는 무지하게 많다. 아니면 무빙워크 위에서 원래 진행 방향과 반대 방향으로 걷는 것도 해볼 만하다. 다른 여행객들한테 눈총을 좀 받겠지만. 이 활동에는 민첩한 신체적 움직임뿐만 아니라 집중력과 조정 능력도 필요하다. 당신은 이 두 가지를 평정을 되찾는 데 쓰는 편이 낫다. 일테면 아무 죄도 없지만 재수 없게 하필 오늘 밤 당직 근무를 하게 된 항공사 직원에게 주먹을 날리는 것보다 말이다.

그리고 휴대전화에 남은 배터리는 이렇게 쓰면 어떨까? 가장 가까운 화장실을 찾아서 칸막이 안에 들어가 문을 잠근 후 명상 앱을 켜고 10분간 명상을 하는 것이다.

이제 분노가 땀이나 심호흡을 통해 몸 밖으로 빠져나가서 당신은 한결 차분해졌다. 몇 가지 복수도 한번 구상해보겠는가, 아니면 문제 대처 단계로 넘어가겠는가?

- **복수 구상하기, 그거 재밌겠다**: 실제로 재밌다. 297쪽을 봐라.
- **응급조치는 이 정도면 됐다. 문제 대처하기로 가겠다**: 258쪽을 봐라.

복수 구상하기

잘했다(이건 거의 섬뜩한 악당 같은 말투인걸). 당신은 여전히 분노가
가시지 않지만, 누군가에게 악을 쓰면서 사납게 따지는 행동은
가방을 무사히 되찾거나 손에 수갑을 차지 않고 공항을 나간다
는 목표를 달성하는 데 도움은커녕 방해만 된다는 것을 잘 안다.
그렇다면 폭행 혐의를 받지 않고 공항을 빠져나간 후 어떤 방
법으로 복수를 할 수 있을까? 물론, 어디까지나 가정이다. 정확
히 누가 당신의 가방을 잘못 처리했는지는 모르지만, 상상의 복
수이므로 그건 중요하지 않다. 탑승 수속 데스크의 직원이 차가
운 아이스크림을 먹고 순간 머리가 띵해져서 당신 가방을 '뉴욕
(New York)' 대신 '뉴어크(Newark)'로 보냈다고 가정하자. 이런
복수를 상상할 수 있다.

- 그 자식의 집 주소를 알아내 끔찍하게 맛없는 건강 주스 정기
  배송을 신청한다.
- 당신이 분실한 것과 똑같은 디자인의 가방을 택배로 그의 집
  에 보낸다. 안에는 당신의 소지품이 아니라 모래와 톱밥이 가
  득 들어 있다. 그가 가방을 열자마자 당신은 근처 어딘가에서
  어마어마하게 큰 선풍기를 원격 조종하면서 집 안이 난장판

이 되는 걸 구경한다.

왠지 통쾌하지 않은가? 이제 항공사 직원과 차분하게 이야기를 나누고, 그들이 당신 가방을 찾아서 돌려줄 경우를 대비해 당신의 상세한 신원 정보를 알려줘라. 그리고 택시 승강장으로 향해라.

혹시 '운동하기'가 당신에게 더 효과가 좋을지도 모르겠다는 느낌이 드는가? 아니면 문제 대처하기로 넘어가겠는가?

- **실은 아직 화를 다 삭이지 못했다. 운동하기도 해보겠다:** 296쪽을 봐라.
- **이제 문제에 대처할 준비가 됐다:** 258쪽을 봐라.

저런, 당신은 문제를 더 악화시키기로 했다

당신은 공항 뒷방으로 끌려가 격리될 정도는 아니었지만, 특별 우대 고객이 되기엔 턱없이 부족하게 처신한 것만은 확실하다. 징징대고, 예민하게 말을 받아치고, "지금 농담하는 겁니까!"라고 열다섯 번쯤 외치고(갈수록 목소리가 커졌다), 당장 책임자를 불러오라고 요구했다. 불만 사항을 높은 직급의 책임자에게 전달해달라는 요구 자체는 나쁜 게 아니지만, 항공사 직원을 향해 '몹시 무례한' 손짓을 해 보였다.

그때 근처에 있던 아홉 살짜리 소년이 동영상을 찍었다. 당신 모습은 이제 인터넷에 쫙 퍼질 거다. 어, 잠깐, 이미 퍼졌다. 당신의 상사와 가족, 당신의 아홉 살짜리 자녀도 당신이 비행기 착륙 후 뭘 하고 있었는지 다 보게 된다.

자, 당신은 멘붕 뒤집기를 해볼 생각이 '정말' 없는가?

- **있다. '운동하기'를 해봐야겠다:** 296쪽을 봐라.
- **조용히 복수를 구상하는 데 시간과 에너지를 쓰고 싶다:** 297쪽을 봐라.
- **젠장, 다 싫다. 문제 대처하기로 가겠다:** 그래, 좋다. 266쪽을 봐라.

출장

RIO 3: 해고당하지 않기 또는 저렴한 턱시도 구하기

트리아지 및 대처

당신 삶이 지금보다 평화로웠던 때를 떠올려봐라. 그저 분실 수
하물 및 불만 고객 대응 매뉴얼에 따라 행동한 친절하기 그지없
는 항공사 직원한테 분통을 쏟아내서 당신의 일자리와 평판을
위태롭게 만들지 않았던 때 말이다. 그때가 좋았다는 생각이 절
로 들지 않는가?

그리고 나도 방금 그 유튜브 동영상 봤다. 음, 결코 멋진 모습은
아니었다. 조금이라도 저렴한 대여 턱시도를 구해서 돈을 아끼
길 바란다. 조만간 실업수당만으론 버티기 힘들 테니까.

이제 내 조언을 들을 생각이 있다면, 296쪽 또는 297쪽의 방
법을 실천해보라(아니면 이 책을 처음부터 다시 읽든가. 그래, 그게 낫겠다).

▶ 다른 시나리오를 선택하려면 248쪽으로 돌아간다. 또는 에필로그로 건너뛴다.

믿고 싶다. 격렬하게 믿고 싶다. 두 눈을 꼭 감고 이 일이 벌어지지 않았다고 믿으면, 이런 종류의 일이 으레 그렇듯 모든 게 저절로 해결될 거라고 믿고 싶다. 그래서 당신은 '대응하지 않기'를 최선의 대응 전략으로 선택했다. 모래에 고개를 처박기로 했다.

아마 당신은 이미 귀도 막아버렸겠지만, 그래도 가방에 들어 있던 물건에 대해서 나랑 잠시 얘기해보겠는가? 충전기와 케이블들, 당신이 맡아 운반하기로 한 팀 마스코트, 그리고 행운의 볼링화는 제 발로 당신을 찾아오지 않을 것이다. 그리고 문제를 회피하고만 있는 것은 분실된 가방의 미스터리를 해결하지도 못하고 작년에 세운 5연속 스트라이크 기록 타이틀을 방어하는 데에도 도움이 안 된다. 당신은 마음의 평정을 되찾아야 한다.

나는 지금 이 상황에 대해 아무 행동도 안 하고 있다. 이것도 평온함으로 간주할 수 있는가?

그것에 대해선 앞에서 이미 다뤘다. 회피도 멘붕의 한 종류다. 그리고 당신은 결국 언젠가는 그 문제에 대처해야 한다. 일단은 타조 모드보다 더 나은 대응기제를 선택해 한번 실천해보면 어떤가?

- **알람을 맞춰놓는다:** 303쪽을 봐라.

- **한 번에 하나씩 피한다:** 305쪽을 봐라.

- **그냥 모래에 고개를 처박고 여기서 끝내겠다:** 그래, 그렇게 해라. 307쪽을 봐라.

알람 맞춰놓기

가방 분실이라는 문제가 터졌을 때 당신의 본능적인 첫 반응은 2016년 대선 예비선거에서 공화당 주류층이 도널드 트럼프를 대하던 방식과 비슷했다. 즉 그냥 무시하면서 사라져버리길 바랐다. 그리고 그 결과로 어떻게 됐는지 우리 모두가 잘 안다. 당신은 문제를 그냥 무시하는 게 아니라 '행동'을 해야 한다. 멍청한 철부지 어른이 세상을 망치는 동안 넋 놓고 가만히 있는 것보다는 아주 작은 행동이라도 하는 편이 낫다. 또는 당신의 볼링화가 엉뚱한 지역으로 향하는 동안 말이다.

내가 앞에서 했던 조언을 떠올려라. 자신을 행동으로 밀어 넣는 확실한 방법 하나는 끊임없는 소음을 활용하는 것이다. 몇 가지 팁을 소개하겠다.

- **자신에게 한정된 시간만 허락하기**: 일테면 그 일이 일어나지 않았다고 부정하며 회피할 시간을 자신에게 20분만 허락한다. 시계나 휴대전화로 알람을 맞춰놓고 알람이 울리면 파블로프의 개처럼 반사적으로 일어나 행동을 시작한다. 항공사 안내데스크로 향해라!

  또는 당신이 묵을 숙소로 당장 연락해 아침 7시 모닝콜을 요청해라. 머릿속에 생각이 너무 많아지기 전에 빨리 움직이자. 잠깐은 속 편하게 잊고 있어도 되지만, 휴대전화가 요란하게 울려대기 시작하면 바로 움직여야 한다.

- **자신에게 주문 외우기:** 주체할 수 없이 흐느껴 울거나 항공사 직원에게 고함을 지르는 것과 달리 적당한 목소리로 주문 외우기는 마음가짐을 변화시키는 데 효과를 낼 수 있다. 안으로만 침잠하고 싶은 욕구를 밀쳐내고 실제로 입으로 소리를 내어 이렇게 말한다. "나는 이 상황에 대처할 수 있다. 나는 이 일을 꼭 해결할 것이다."

어떤가? 아까보다 기운이 좀 났을 거다. '한 번에 하나씩 피하기'도 해보겠는가, 아니면 곧장 대처하기로 넘어가겠는가?

- **무기력한 태도를 떨쳐내기 위해 다른 방법도 해보겠다:** 305쪽을 봐라.
- **이제 문제에 대처할 준비가 됐다:** 260쪽을 봐라.

한 번에 하나씩 피하기

그래, 나도 안다. 요즘 당신이 미루고 있는 일들은 잃어버린 가방에 대한 조치 말고도 많다. 그렇다면 이런 협상을 하면 어떨까? 만약 당신이 움직이기 싫은 마음을 꾹꾹 누르고 의지를 발휘해 항공사 직원을 찾아간다면, 다시 말해 가방이 발견돼서 늦지 않게 숙소로 전달받을 수 있기를 바라며 '다른 누군가에게 상황을 설명하고 신속한 처리를 요청'한다면, 나는 당신이 다음과 같은 일들을 '계속' 회피해도 좋다고 허락하겠다.

- 주방 벽 뒤쪽에서 뭔가 날카롭게 긁는 소리의 정체가 뭔지 알아보기
- 전 부인에게서 온 우편물 열어보기
- 치과 치료 예약하기

어떤가? 이 일들에 비하면 항공사 고객서비스 직원을 만나 대화하는 것은 차라리 즐겁게 느껴지지 않는가? 그러니 어서 방문을 열고 나가 분실된 가방에 대해 문의할 누군가를 만나보라.

하지만 당신을 무리하게 재촉할 생각은 없다. '알람 맞춰놓기'도 시도해보겠는가? 아니면 문제 대처로 넘어가겠는가?

- 다른 방법을 택하면 문제 대처를 더 오래 미룰지도 모르니, 알람 맞춰놓기를 한번 해보겠다: 303쪽을 봐라.

- 문제에 대처할 준비가 됐다: 260쪽을 봐라.

당신은 아무것도 안 하기로 마음먹었다

지금쯤 당신은 '펜실베이니아의 작은 마을에서 앞으로 나흘 동안 대체 뭘 해야 하나?' 하는 생각이 들 것이다. 새 볼링화를 사러 외출할 의욕이 눈곱만큼도 없으므로 챔피언십 대회에도 못나갈 테니 말이다('아마추어'처럼 '대여 볼링화'를 신기는 죽어도 싫다). 그렇다고 집으로 돌아가는 항공편을 서둘러 다시 예약할 의욕이 있는 것도 아니다.

사실 당신은 그런 생각조차도 안 할지 모른다. 당신은 머리 바로 위에 멈춘 먹구름이 폭우를 쏟아붓기를 기다리면서 우산을 쓸 생각조차 안 하는 유형이니까.

내 생각엔 아마 이렇게 상황이 전개될 것 같다(난 지금 비판적인 말투가 되지 않으려고 무지 애쓰고 있다. 하지만 우린 지금까지 먼 길을 함께 걸어왔고, 나는 타조 모드로 돌아가는 당신 모습을 보는 게 정말 속상하다). 당신은 불편한 호텔 침대에서 잠이 들었다가 내일 아침에 일어난다. 휴대전화는 죽어 있고 칫솔도 없다. 난 당신이 그중 한 가지 이유 때문에라도 뭔가 행동을 하길 바란다. 적어도 호텔 로비의 잡화점에서 조그만 구강청결제를 요청해서 얻어내는 것이라도. 만약 거기서 휴대전화 충전기도 판다면 금상첨화다. 당신은 가장 편하고 쉬운 방법을 좋아하니까. 하지만 여긴 저렴한 호텔

이니까 큰 기대는 안 하는 게 좋다. 만일 충전기를 안 판다면, 당신은 계속 문제 대처를 회피하면서 로비 자판기에서 그나마 나은 것을 뽑아 먹으면서 나흘을 흘려보내다가 집으로 돌아가 계속해서 자신에게 일어난 불행을 부정하려고 애쓸 것이다. 또는 볼링팀 동료가 문자에 계속 답장이 없는 걸 이상하게 여겨 당신을 보러 왔다가 당신에게 깨끗한 양말을 빌려준 다음 볼링용품 가게로 당신을 끌고 갈 수도 있겠다. 당신은 문제 대처력은 엉망일지 몰라도 경기장에서는 '훅볼 킹'이니까, 팀에는 당신이 필요하다.

상황이 어떻게 전개되든 간에 가방을 되찾지 못하는 건 마찬가지다. 당신이 아예 포기하고 손을 놨기 때문이다. 즉 행운의 볼링화도, 아끼는 잠옷도, 팀 마스코트도 나흘 동안 행방이 오리무중이다. 당신은 '정말로' 멘붕 뒤집기를 해볼 생각이 없는가?

- **다시 생각해보니 '알람 맞춰놓기'에 흥미가 생긴다:** 303쪽을 봐라.
- **'한 번에 하나씩 피하기'를 해보겠다:** 305쪽을 봐라.
- **완전히 의욕 저하다. 문제 대처 단계로 곧장 가겠다:** 268쪽을 봐라.

걱정을 멈추면 진짜 인생이 시작된다

책의 마지막 부분까지 잘 따라와 주어서 정말로 기쁘다. 자, 축배를! 그리고 책의 모든 내용을 종합하는 역할이었던 4장을 특히 재밌게 읽었기를 바란다.

또 나는 당신이 엿 같은 일이 닥칠 때 보다 평온하고 생산적으로 대응하도록 도와줄 유용한 기술을 배웠다고 느끼기를 바란다. 살다 보면 그런 일은 일어나기 마련이니까. 안타깝게도, 반드시 일어난다. 예상 가능한 경우도 있고 갑자기 불쑥 찾아오는 경우도 있지만, 어쨌든 그런 일은 당신의 하루, 한 달 또는 인생 전체를 경로에서 이탈시킬 수 있다. 예컨대 쓰고 있는 책의 마감일을 일주일 남겨둔 상태에서 고양이 때문에 손가락이 부러지는 일이 그렇다.

그렇다. '고양이' 때문에.

사실, 내가 유기농 코코넛오일을 흠뻑 적신 키친타월을 들고 스투시 앞에 쭈그려 앉기 전까지만 해도 이 에필로그는 지금과 완전히 다른 내용이었다. 녀석의 피부병이 심해서 코코넛오일을 발라주려는 참이었다. 그런데 안타깝게도, 내가 양손을 쭉 뻗으면서 몸을 숙였을 때 스투시가 잔뜩 겁을 집어먹었다. 평소에도 약을 발라주려고 하면 녀석은 멀리 도망치곤 했는데, 갑자기 몸을 공중으로 날려 도망갔다. 바로 그 순간에 쭉 뻗은 내 손가락과 세게 충돌했고, 내 왼손 손가락 두 개가 뒤로 확 꺾이고 말았다.

으아악!

나는 순간 아연실색했다. 먼저 엄청난 고통 때문에 그랬고, 그 다음엔 원고를 끝내는 일이 백 배는 더 힘들어질 거라는 깊고 본능적인 깨달음 때문에 그랬다. 다행히 평소 많이 쓰지 않는 쪽 손이기는 해도, 이제 왼손 끝의 손가락 두 개가 없는 거나 마찬가지가 됐으니까.

그런 후 내가 어떻게 했을 것 같은가? 먼저 남편한테 "나 잠깐 미친년처럼 굴고 올게"라고 하고선 2층에 올라가 고통과 절망에 몸부림치며 엉엉 울었다. 나의 감정 강아지를 아무렇게나 풀어놓았다. 잠시 후엔 불안감까지 몰려왔다. 그리고 샤워를 했다. 욱신거리는 손이 어딘가 부딪히지 않게 최대한 조심하면서 머리를 감고 몸에 비누칠을 하다 보니 상당히 기분 전환이 됐고,

샤워를 끝내고 나니 더는 슬프지도 불안하지도 않았다.

대신 화가 났다. 그렇다. '웬만해선 화를 잘 내지 않는다'고 했던 내가 말이다. 망할 놈의 고양이. 뼈만 앙상하던 길거리 출신을 데려다가 내가 그동안 얼마나 사랑을 쏟으며 세심하게 보살펴줬는데, 그 은혜를 이렇게 갚다니!

그날 저녁 내내 나는 "스투시한테 화가 나 미치겠어"라고 툴툴대며 온 집을 돌아다녔다. 심지어 스투시한테 복수하는 상상도 했다. 아이스 버킷 챌린지처럼 녀석한테 코코넛오일 한 통을 확 쏟아부을까? 그러다가 시간이 흐르니, 그녀석은 그저 살갗에 코코넛오일 바르기를 싫어하는 길고양이일 뿐이라는 생각이 들었다. 그건 녀석의 잘못이 아니다.

후유.

나는 내가 처한 상황을 점검하기 시작했다. 그리고 당장 할 일이 원고 마감뿐이 아니라는 사실을 깨달았다. 배 하나를 빌려 열기로 한 남편의 생일파티 준비를 해야 하고, 인스타그램에 올릴 영상을 만들어야 하고, 그 전에 미용실을 예약해야 하고, 3주 동안 미국 세 개 주를 도는 여행을 위해 짐을 싸야 했다.

내 입에서 "으아악!" 비명이 터져 나오던 그 순간부터 시작해서, 이 모든 일을 위해 내게 주어진 시간은 13일이었다.

당시 나는 손가락이 부러졌다는 사실을 몰랐다. 그냥 심하게 뻔 거라고 생각했고, 가뜩이나 마감에 쫓기고 있는 마당에 응급실까지 찾아가 소중한 시간을 낭비할 필요는 없다고 생각했다. 스투시의 공격이 발생한 직후 내가 생각한 이상적이고 현실적인(또는 그렇다고 믿은) 결과는 마감일에 맞춰 원고를 끝내고 6일 동안 나머지 일들을 처리하는 것이었다. 그래서 진통제를 먹고 다시 원고 작업으로 돌아갔다.

다음 일주일 동안 나는 다친 손가락들에 손톱 다듬는 줄 두 개를 부목처럼 대고 붕대로 칭칭 감은 후, 오른손과 왼손의 5분의 3을 사용해 우스꽝스러운 타이핑 자세를 시연하면서 남은 5퍼센트의 원고를 꾸역꾸역 작업했다. 내 모습은 후크 선장과 피아노 치는 고양이를 적당히 섞어놓은 것 같은 꼴이었다.

내 머릿속에 '만일 근육이 심각하게 찢어졌으면 어쩌나?', '다쳤을 때 곧장 병원에 안 간 걸 후회하게 되면 어떡하지?' 하는 불안감이 없었을까? 당연히 있었다. 하지만 그런 불안감은 당장 발등에 떨어진 불을 끄는 일 때문에 뒷전으로 밀려났다.

여담이지만, 내가 건강에 무신경한 태도를 조장하는 것처럼 보일까 봐 염려된다. 그런 거 아니니 믿어달라. 만일 견딜 수 없을 만큼 아팠다면 담당 편집자에게 마감 연장을 요청했을 거고 병원에 가서 엑스레이도 찍었을 거다. 하지만 당시 그 손가락 사건은 내게 '꽤 짜증 나는 일' 정도로만 느껴졌다.

나는 얼음 팩으로 찜질을 하고, 다친 부위를 심장보다 높은 위치에 올려두었으며, 최대한 오른손으로 타이핑을 했다. 그리고 남편이 집안일을 도맡아 처리했다. 나는 친구들과의 부부 동반 저녁 모임에 참석하지 못했다. 남은 5퍼센트를 작업하는 데 원래보다 다섯 배나 더 시간이 걸렸기 때문이다. 그러던 중 붕대를 풀어보니 당황스럽게도 내 새끼손가락이 원래의 형태에 아랑곳하지 않고 마음대로 횤횤 움직이는 게 아닌가.

원고를 마감한 후, 병원에 가보는 게 좋겠다고 판단했다. 병원에 가서야 손을 삔 게 아니라 골절이었다는 사실을 알게 됐다. 스투시의 1승이었다.

이후 몇 주 동안은 꽤 힘들었다. 미국 세 개 주를 돌 예정이라고 말했던 것, 기억하는가? 으으윽! 하지만 내내 평정을 유지하면서 잘 대처했다. 마치 이 책을 쓰던 지난 6개월의 시간이 지금의 상황에 대비해 나를 준비시킨 것 같았다. 무언가를 계속 절실하게 생각하면 이루어진다고들 말하지 않는가. 하지만 내가 결국 맞이한 건 막대한 부가 아니라 불행 폭풍이었다. 내가 안티구루라서 그런 모양이다.

반면 긍정적인 면도 있다. 예고 없이 불행 폭풍이 닥쳤을 때 나는 감정을 마음껏 발산한 후 감정 강아지를 가두고 불안감에게 손가락을 선물했다. 내 일상을 궤도에서 이탈시킨 녀석에 대한 복수를 상상했고, 그렇게 나의 분노를 누그러뜨림으로써 상황을 악화시키지 않았다. 그리고 상황을 점검하고, 나의 RIO를 판단하고, 트리아지를 실행했다.

당신을 놀라게 하고 싶진 않지만, 나도 뭔가가 있는 인간인지 모른다. 앞에서 내가 예상치 못한 일이 터지면 늘 제대로 '대처'하지 못하는 타입이었다고 말했던 것 기억하는가? 한때 우리 부부는 몇 달 동안 여기저기를 옮겨 다니며 지내다가 내 원고의 막바지 작업 즈음에 에어비앤비로 방을 구했는데, 막상 지내보니 그곳은 '벌레'비앤비에 가까웠다. 나는 완전히 멘붕에 빠져서 정신 줄을 놓고 조금도 평정을 되찾지 못했다. 그리고 네 번째 자원에 크게 의지했다. 내 남편은 물론이고, 이후 우리 부부가 얹혀살도록 받아준 친구들의 호의 말이다. 결국 그 상황을 헤쳐 나오긴 했지만(어쨌든 나는 정신 차리는 방법을 아는 사람이니까) 그 과정에서 상당한 시간과 에너지, 돈, 호의를 소모해야 했다.

그때로부터 2년쯤 지난 지금, 손가락 골절이라는 훨씬 더 심각하고 고통스러운 불행을 겪고 보니 문제 대처 능력이 웬만큼 생겼다는 걸 알겠다. 놀랍지 않은가!

이쯤에서 당신에게 작은 '비밀' 하나를 알려주겠다. 내가 많은 시간을 들여 '신경 *끄기* 가이드' 시리즈를 쓰는 것은 그냥 재미 삼아서도 아니고, 돈을 벌기 위해서도, 당신 삶의 질을 높이기 위해서도 아니다(물론 이것들도 타당한 이유이긴 하지만). 내가 책을 쓰는 이유는 매번 책을 집필하는 과정이, 누군가의 팟캐스트에 출연해 나의 별난 아이디어를 재잘대며 보내는 시간이 '나'에게 개인적 성장을 위한 기회가 되기 때문이다.

나는 과거 어느 때보다도 불필요한 것에 신경을 덜 쓰면서 살고 있고, 그 결과 훨씬 더 행복해졌다. 정신 차리는 기술을 사람들에게 가르치다 보니, '내'가 제대로 정신 차리며 사는 새로운 방법들도 깨달았다. 또한 30년이 넘도록 내가 갖고 살았는지도 몰랐던 비정상적인 트라우마와 화도 치유할 수 있었다.

앞서도 잠깐 말했듯이, 그동안 써온 신경 끄기 가이드들 중에서 이 책이야말로 가장 자기실현적 예언의 힘을 가진 책이라고 생각한다. 몇 년 전만 해도 나는 예상치 못하게 터지는 혼란스러운 사건에 대처하는 일이 너무도 힘겨웠다. 지금은 그런 상황에 침착하게 대응하도록 나 자신을 훈련해 이만큼 성장했다는 사실이 놀랍기만 하다. 물론 섬으로 이사한 것과 문화적 패러다임이 크게 변화했다는 것도 나의 학습과 성장에 시동을 건 촉진제이긴 하지만. 나는 길고양이가 본능적으로 쓰레기더미를 뒤지듯이, 배우고 성장하는 일에 아주 자연스럽게 익숙해졌다. 그리고 당신이 나보다 더 빨리 학습과 성장을 시작할 수 있도록 돕고자 이 책을 썼다.

나의 마지막 바람은 이것이다. 당신이 마음가짐의 변화를 위해 내가 알려준 모든 팁과 기술을 흡수해 실천해보고 나서, 이 책을 읽기 전에는 몰랐던 사실, 즉 엿 같은 일이 일어날 때 대개는 그렇게 멘붕에 빠질 필요가 없다는 사실을 깨달았으면 좋겠다는 것. 그리고 당신이 얼마든지 문제에 대처할 수 있다는 사실도 깨달았으면 한다. 물론 이건 어디까지나 '내가' 생각하는 현실적이고 이상적인 결과다. 그리고 내가 보기엔 꽤 괜찮은 RIO다.

제발 진정 좀 하고

상황에 대처해라!

감사의 말

나는 수년간 출판 업계에 발을 담그고 지내왔기에, 여러 권의 책을 꾸준히 같은 팀과 작업하는 것이 얼마나 드물고 특별한 일인지 잘 안다. 우리는 정말 즐겁게 일하면서 함께 일궈낸 결과를 누리고 있으며, 다른 팀원들과 일하는 것을 한 번도 생각해본 적이 없다. 괜히 입 밖에 꺼냈다가 부정 타서 나의 행운이 날아가는 일이 발생하지 않기를 바라며 말하건대, 처음부터 지금까지 나를 도와준 ICM파트너스의 제니퍼 조엘, 리틀브라운의 마이클 서밴, 쿼커스북스의 제인 스터로크에게 깊이 감사드린다.

제니퍼는 하이힐 신은 영웅이자 지칠 줄 모르는 챔피언이며 침착함의 여신이다. 그녀에겐 당연히 이 책이 필요 없겠지만, 나에겐 이 프로젝트의 성공을 위해 그녀가 꼭 필요했다.

마이클이 〈앨빈과 슈퍼밴드〉의 앨빈이라면, 나는 사이먼이다.

그는 마치 어미 닭처럼 내 책들을 돌보면서 늘 부리로 부지런히 쪼고 꼬꼬댁 소리를 내면서 더 훌륭한 책으로 변신시켰다.

제인은 멀리 대서양 건너편에서도 우리가 함께 탄 배의 방향을 수월하게 조종하는 능력자다. 신경 끄기 가이드 시리즈의 첫 책에 대한 그녀의 열정 덕분에 영국에서만 100만 부 가까이 판매되는 성과를 올릴 수 있었다.

나의 또 다른 전우들에게도 감사의 말을 전한다. ICM의 로니 드러커, 린지 사마코, 닉 비바스, 리틀브라운의 벤 앨런(프로덕션 에디터이자 성인군자), 레이건 아서, 아이라 부다, 마사 부치, 사브리나 캘러헌, 니키 게헤이루, 로런 함스, 로런 헤세, 브랜던 켈리, 넬 말리코바, 로라 매머록, 캐서린 마이어스, 바버라 페리스(카피 에디터이자 성인군자), 제니퍼 쉐퍼, 크레이그 영, 그리고 쿼커스북스의 올리비아 앨런, 샬럿 프라이, 애너 맥러플린, 케이티 새들러, 한나 윈터에게 감사드린다.

아울러 다음 분들께도 고마움을 전한다. 데이비드 스미스는 영국에서 사용할 나의 새 웹사이트 그래픽들을 제공해주었다. 인내심 많고 상황 판단력 빠른 그를 나는 정말 높이 평가한다. 아셰트 오스트레일리아의 알라나 켈리는 저 아래쪽 머나먼 나라에서 내 책이 대중에게 알려질 수 있도록 아낌없는 노력을 기울여주었다. 아셰트 캐나다의 담당자들은 내 책들이 베스트셀러 목록에 들어가는 데 큰 공을 세웠다. 그리고 아세트오디오의 리사 칸, 오디오미디어프로덕션의 아이바 아이딘, 칼럼 플루스, 개빈 스컬, 패트릭 스미스에게 감사를 전한다.

물론 전작 세 권을 읽어준 독자들이 없었다면 이 네 번째 책은 나오지 못했을 것이다. 세계 곳곳에 있는 나의 독자들에게 무한한 감사의 말을 전한다. 진심 어린 선물(또는 수동적 공격성을 담은 선물)로 다른 누군가한테 주려고 내 책을 산 분들에게도 역시 감사드린다. 그리고 문제 가정의 구성원들, 성질 고약한 직장 상사들, 좋을 때만 친구인 척하다가 곤경 앞에서는 등을 돌리는 사람들, 학교에서 아이들을 괴롭히는 양아치들에게도 고맙다고 말하고 싶다. 그들 덕분에 나의 독자층이 확실하게 생겼으니까. 대단히 감사드린다.

나의 부모님 톰과 샌디 나이트에게 감사드린다. 두 분은 입이 근질근질하셨을 텐데도 나한테 제발 진정 좀 하라는 잔소리를 한 번도 하지 않으셨다.

이 책의 주제가 마음의 평정 되찾기이긴 하지만 책을 쓰는 작업이란 분투의 연속이었다. 내가 힘들 때 각자 나름의 방식으로 나를 달래고 진정시켜준 존재들의 이름을 불러본다. 페피토, 스티븐 제이 캐츠비 경, 스타인백, 밀레이, 발루, 페리스 뮬러, 미튼스, 마르첼로, 벤저민, 스티브 내시, 마터호른, 조니, 에드거, 미스코, 해미, 무쉬카, 대실, 막시 그리고 글래디스와 스투시.

이 말만은 꼭 덧붙여야겠다. 이 책이 세상에 나오기까지 누구보다(사람이든 고양이든) 큰 힘이 돼준 존재는 남편 저드 해리스다. 그는 나의 새 웹사이트를 만들어주었을 뿐만 아니라(까다로운 고객을 둔 덕에 엄청나게 고생했다) 항상 내게 커피를 만들어주었고, 내 다친 손을 세심히 돌봐주었고, 내 마음에 상처를 주었으며, 지난 19년 동안 좋을 때나 나쁠 때나 늘 내 곁에 있었다. 그는 세상에서 내가 제일 좋아하는 사람이다.

걱정을 사서 하는 당신을 위한 잡걱정 퇴치술

걱정이 취미세요?

제1판 1쇄 발행 | 2021년 5월 27일
제1판 3쇄 발행 | 2021년 7월 27일

지은이 | 세라 나이트
옮긴이 | 이수경
펴낸이 | 유근석
펴낸곳 | 한국경제신문 한경BP
책임편집 | 윤혜림
교정교열 | 공순례
저작권 | 백상아
홍보 | 서은실 · 이여진 · 박도현
마케팅 | 배한일 · 김규형
디자인 | 지소영
본문디자인 | 디자인 현

주소 | 서울특별시 중구 청파로 463
기획출판팀 | 02-3604-590, 584
영업마케팅팀 | 02-3604-595, 583   FAX | 02-3604-599
H | http://bp.hankyung.com   E | bp@hankyung.com
F | www.facebook.com/hankyungbp
등록 | 제 2-315(1967. 5. 15)

ISBN 978-89-475-4717-8   03190